Mondschein-Anfänge: Zauberkunst und Rituale für Mondneulinge

Ein praktisches Handbuch für Mondmagie

Jonas Wagner

© Copyright 2024 - Alle Rechte vorbehalten.

Die in diesem Buch enthaltenen Inhalte dürfen ohne direkte schriftliche Genehmigung des Autors oder des Herausgebers nicht vervielfältigt, vervielfältigt oder übertragen werden.

Unter keinen Umständen wird dem Herausgeber oder Autor eine Schuld oder rechtliche Verantwortung für Schäden, Wiedergutmachungen oder finanzielle Verluste auferlegt, die auf die in diesem Buch enthaltenen Informationen zurückzuführen sind, weder direkt noch indirekt.

Rechtliche Hinweise:

Dieses Buch ist urheberrechtlich geschützt. Es ist nur für den persönlichen Gebrauch bestimmt. Sie dürfen ohne die Zustimmung des Autors oder Herausgebers keinen Teil oder den Inhalt dieses Buches ändern, verteilen, verkaufen, verwenden, zitieren oder paraphrasieren.

Haftungsausschluss:

Bitte beachten Sie, dass die in diesem Dokument enthaltenen Informationen nur zu Bildungs- und Unterhaltungszwecken dienen. Es wurden alle Anstrengungen unternommen, um genaue, aktuelle, zuverlässige und vollständige Informationen zu präsentieren. Es werden keinerlei Garantien erklärt oder stillschweigend übernommen. Die Leser erkennen an, dass der Autor keine rechtliche, finanzielle, medizinische oder professionelle Beratung leistet. Der Inhalt dieses Buches wurde aus verschiedenen Quellen abgeleitet. Bitte konsultieren Sie einen lizenzierten Fachmann, bevor Sie die in diesem Buch beschriebenen Techniken ausprobieren.

Durch die Lektüre dieses Dokuments erklärt sich der Leser damit einverstanden, dass der Autor unter keinen Umständen für direkte oder indirekte Verluste verantwortlich ist, die durch die Verwendung der in diesem Dokument enthaltenen Informationen entstehen, einschließlich, aber nicht beschränkt auf Fehler, Auslassungen oder Ungenauigkeiten.

Inhaltsverzeichnis

EINLEITUNG 5

KAPITEL I. Die Mondenergie verstehen 7

    Die Bedeutung des Mondes in verschiedenen Kulturen . 7

    Der Einfluss des Mondes auf die Erde 10

    Mondenergie für Magie nutzbar machen 14

KAPITEL II. Mondphasen und ihre Bedeutung 21

    Neumond: Anfänge und Absichten 21

    Zunehmende Sichel bis Vollmond: Manifestation und Wachstum 25

    Von abnehmendem Gibbous zu Neumond: Befreiung und Erneuerung 32

KAPITEL III. Mondschein-Werkzeuge und Altaraufbau ... 37

    Unverzichtbare Werkzeuge für Mondmagie 37

    Einen heiligen Raum schaffen 42

    Altardekor und Symbolik 47

KAPITEL IV. Mond-Korrespondenzen 53

    Mond in Tierkreiszeichen 53

    Mond in astrologischen Häusern 58

    Ausrichten von Zaubern an Mondphasen 64

KAPITEL V. Mondscheinzauber für die alltägliche Magie 71

    Liebe und Beziehungen 71

    Wohlstand und Überfluss 77

    Schutz und Reinigung 82

KAPITEL VI. Rituale für jede Mondphase **88**

Neumond-Ritual zum Setzen von Vorsätzen 88

Vollmond-Esbat-Rritual für die Manifestation 92

Ritual des abnehmenden Mondes zum Loslassen 97

KAPITEL VII. Mondschein-Wahrsagerei **102**

Lunar Tarot Dreifaust 102

Spähen bei Mondschein 106

Traumdeutung und Mondmagie 110

KAPITEL VIII. Herstellung von Mondelixieren und -tränken **115**

Wasser mit Mondenergie durchdringen 115

Mondverstärkte Kräutergebräue 119

Herstellung von Ölen und Salben im Mondschein 123

KAPITEL IX. Feste und Feste im Mondschein **129**

Ehrung von Mondgottheiten 129

Saisonale Mondfeste 134

Veranstalten Sie Ihre eigenen Zusammenkünfte im Mondschein 137

SCHLUSSFOLGERUNG **142**

EINLEITUNG

"Mondschein-Anfänge: Zauberkunst und Rituale für Mondneulinge-Ein praktisches Handbuch für Mondmagie" ist ein bezauberndes und praktisches Handbuch, das entwickelt wurde, um das mystische Reich der Mondmagie für diejenigen zu beleuchten, die sich in die faszinierende Welt der Zauberkunst wagen. Dieses E-Book wurde mit einer nahtlosen Mischung aus Weisheit und Zugänglichkeit verfasst und dient als unverzichtbarer Leitfaden für Anfänger, der ein Tor zur Nutzung der starken Energien des Mondes bietet.

Da der Mond seit langem in verschiedenen Kulturen als Symbol für Magie, Intuition und zyklische Transformation verehrt wird, enthüllt "Moonlit Beginnings" die Geheimnisse des Mondeinflusses und befähigt die Leser, sich auf ihre spirituelle Reise zu begeben. Das E-Book beginnt damit, eine Grundlage des Verständnisses zu legen und die Mondphasen und seine einzigartigen Energien zu entmystifizieren. Durch aufschlussreiche Erklärungen verstehen die Leser zutiefst, wie sich Mondzyklen mit verschiedenen Aspekten des Lebens überschneiden.

Das Herzstück des Handbuchs liegt in seiner praktischen Herangehensweise an die Mondmagie. Durch akribisch ausgearbeitete Zaubersprüche und Rituale können sich auch diejenigen, die neu in der Kunst sind, auf eine transformative Odyssee begeben. Von einfachen, aber wirkungsvollen Ritualen bis hin zu komplizierteren Zauberkünsten ist jedes Kapitel ein Sprungbrett, das Neulinge zu einer tieferen Verbindung mit den Energien des Mondes führt.

Darüber hinaus geht "Moonlit Beginnings" über eine bloße Anleitung hinaus und ermutigt die Leser, ihre Praxis zu personalisieren. Das E-Book bietet eine Leinwand für individuelle Erkundungen und lädt Neulinge ein, ihre einzigartige Essenz in jedes Ritual einfließen zu lassen.

Angehende Praktizierende werden eine Fülle von Wissen finden, von der Schaffung heiliger Räume bis hin zur Auswahl geeigneter Kristalle und Kräuter, um die Wirksamkeit ihrer mondzentrierten Bemühungen zu verbessern.

Im Wesentlichen ist "Moonlit Beginnings" ein Leitfaden und Begleiter für diejenigen, die die Magie in sich selbst erwecken wollen. Mit seinen ermächtigenden Einsichten und praktischen Werkzeugen öffnet dieses E-Book die Tür zu einer Welt, in der der Mond zu einem leuchtenden Führer auf dem transformativen Weg der Zauberkunst und rituellen Erkundung wird.

KAPITEL I

Die Mondenergie verstehen

Die Bedeutung des Mondes in verschiedenen Kulturen

Das silbrige Leuchten des Mondes und die sich ständig verändernden Phasen haben die menschliche Fantasie in verschiedenen Kulturen im Laufe der Geschichte beflügelt. Seine Bedeutung überschreitet geografische Grenzen und webt sich durch den Teppich aus Mythos, Religion und Folklore. In unzähligen Zivilisationen wurde der Mond als himmlische Gottheit, kosmischer Führer und Symbol der zyklischen Erneuerung verehrt. Dieser Abschnitt erkundet die facettenreiche Bedeutung des Mondes in verschiedenen Kulturen und entwirrt die Fäden, die die kollektive Faszination der Menschheit für dieses himmlische Himmelsgestirn verbinden.

Der Mond war ein zentraler Bestandteil der religiösen und kulturellen Landschaft im alten Mesopotamien. Die Sumerer, eine der frühesten Zivilisationen, verehrten den Mondgott Nanna. Nanna wurde als Sohn des Himmelsgottes An und der Erdgöttin Ki verehrt und glaubte, die Zyklen der Zeit und der Gezeiten zu regieren. Der Mondkalender, der von den Sumerern erfunden wurde, markierte nicht nur den Lauf der Monate, sondern beeinflusste auch die Entwicklung späterer Mondkalender in anderen Kulturen.

Als er sich ostwärts ins alte China bewegte, wurde der Mond zu einem integralen Bestandteil der taoistischen Philosophie und der chinesischen Folklore. Chang'e, eine Mondgöttin, ist eine zentrale Figur in der chinesischen Mythologie. Sie soll zum Mond geflogen sein, nachdem sie das Elixier der Unsterblichkeit eingenommen hatte. Das Mittherbstfest feiert diese Geschichte, manchmal auch Mondfest genannt, bei dem sich Familien versammeln, um den Vollmond zu sehen, Mondkuchen zu essen und die symbolische Zusammengehörigkeit zu erkennen, die durch die Mondgottheit symbolisiert wird.

Die zehn weißen Pferde in Chandras Wagen stellen die Mondphasen dar. Die Ebbe und Flut des Lebens ist symbolisch mit dem Zunehmen und Abnehmen des Mondes verbunden. Hinduistische Frauen feiern Karva Chauth, indem sie fasten und für die Gesundheit und Langlebigkeit ihrer Ehemänner beten. Traditionell brechen sie ihr Fasten, wenn sie den Mond sehen.

Die Mondsymbolik, die den Mond mit Thoth in Verbindung brachte, dem Gott der Schrift und der Weisheit, war auch im alten Ägypten weit verbreitet. Da der Mondkalender jedes Jahr auf den Tag fiel, an dem der Nil überschwemmt wurde, war er für die Landwirtschaft von entscheidender Bedeutung. Darüber hinaus assoziierte die ägyptische Kosmologie das Zunehmen und Abnehmen des Mondes mit dem Lebenszyklus, was auf die zyklische Natur von Geburt, Tod und Wiedergeburt hinweist.

Im alten Amerika hatte der Mond eine tiefgreifende Bedeutung für indigene Kulturen. In den Traditionen der Lakota Sioux wird der Mond als Großmutter Mond verehrt, als weise und fürsorgliche Präsenz. Die Stämme der amerikanischen Ureinwohner strukturierten ihre Kalender oft auf der Grundlage von Mondzyklen, mit Zeremonien und Ritualen, die auf die Mondphasen abgestimmt waren. Die Cherokee zum Beispiel feierten den Neumond mit Zeremonien zur Heilung und Erneuerung.

In der klassischen Mythologie verkörperte die römische Göttin Luna, die der griechischen Selene entspricht, die ätherische Ausstrahlung des Mondes. Lunas Wagen, von zwei Pferden gezogen, durchquerte den Nachthimmel und erhellte die Welt unter ihnen. Die Römer feierten ihr zu Ehren das Fest der Lunalia, eine Zeit, um zu feiern und den wohlwollenden Einfluss des Mondes zu würdigen.

Was die abrahamitischen Religionen betrifft, so hat der Mond im Judentum, im Christentum und im Islam symbolisches Gewicht. Im Judentum regelt der Mondkalender die Einhaltung von Festen, wobei der Neumond oder Rosch Chodesch den Beginn eines jeden Monats markiert. Der Mondzyklus bestimmt den Sabbat und andere Feierlichkeiten und verstärkt die heilige Verbindung zwischen dem hebräischen Kalender und dem Mond.

Im Christentum wird der Mond indirekt mit der

Bestimmung von Ostern in Verbindung gebracht, die auf der kirchlichen Annäherung an die Frühlings-Tagundnachtgleiche beruht. Biblische Verse verwenden oft Mondbilder, um spirituelle Bedeutungen zu vermitteln, wie z. B. Psalm 104,19, der den Mond poetisch als Marker der Jahreszeiten beschreibt.

Innerhalb des Islam spielt der Mondkalender eine zentrale Rolle bei der Bestimmung der islamischen Monate, wobei der Ramadan, der Fastenmonat, mit der Sichtung des Neumondes beginnt. Von besonderer Bedeutung ist die Mondsichel, die als "Hilal" bekannt ist, da sie den Beginn der islamischen Monate markiert und als visuelles Symbol des islamischen Kalenders dient.

Der Einfluss des Mondes erstreckt sich auf Folklore und Aberglauben und prägt kulturelle Praktiken und Überzeugungen. Der Vollmond wird in europäischen Traditionen oft mit Werwölfen und anderen übernatürlichen Phänomenen in Verbindung gebracht. Der Begriff "Wahnsinniger" selbst, abgeleitet vom lateinischen Wort "lunaticus", was "Mondschein" bedeutet, spiegelt historische Assoziationen zwischen dem Mond und dem Wahnsinn wider. Trotz dieses Aberglaubens hat der Mond auch Dichter, Künstler und Träumer inspiriert, da sein strahlendes Leuchten ein Gefühl des Geheimnisses und des Staunens hervorruft.

In der japanischen Kultur nimmt der Mond eine poetische und kontemplative Rolle ein. Die Tradition des "Tsukimi" oder der Mondbeobachtung beinhaltet Zusammenkünfte, um den Vollmond zu genießen, insbesondere während der Erntezeit im Herbst. Diese kulturelle Praxis spiegelt eine tiefe Verbundenheit mit der Natur und dem Wechsel der Jahreszeiten sowie eine Anerkennung der vergänglichen Schönheit des Lebens wider.

Die wissenschaftliche Erforschung hat in der Neuzeit viele Aspekte des Mondes entmystifiziert, doch seine kulturelle Bedeutung bleibt bestehen. Im 20. Jahrhundert erlebten wir mit der Apollo-Mondlandung einen riesigen Sprung für die Menschheit, der die Faszination und Bewunderung für den himmlischen Begleiter der Erde weiter anheizte. Das ikonische Bild des Erdaufgangs, wie es vom Mond aus gesehen und während der Apollo-8-Mission aufgenommen wurde, wurde zu einem Symbol für Verbundenheit und Umweltbewusstsein.

Zusammenfassend lässt sich sagen, dass die Bedeutung des Mondes in verschiedenen Kulturen ein Zeugnis für die universelle menschliche Erfahrung ist, in den Nachthimmel zu blicken und in himmlischen Rhythmen einen Sinn zu finden. Von antiken Mythologien bis hin zu zeitgenössischen wissenschaftlichen Bestrebungen ist der Mond nach wie vor eine Quelle der Inspiration, der Reflexion und des kulturellen Reichtums. Sein Einfluss überwindet Zeit und Grenzen und erinnert uns an die gemeinsame menschliche Faszination für die leuchtende Kugel, die unseren Nachthimmel ziert.

Der Einfluss des Mondes auf die Erde

Der Mond, der einzige natürliche Satellit der Erde, beeinflusst unseren Planeten in verschiedenen Dimensionen, von gravitativen Wechselwirkungen bis hin zu kultureller Symbolik. Dieser Abschnitt befasst sich damit, wie der Mond die Erde formt und beeinflusst, und erforscht wissenschaftliche Phänomene, kulturelle Bedeutung und den historischen Kontext, der diese Himmelskörper in einem kosmischen Tanz verbindet.

Wissenschaftlich gesehen ist der offensichtlichste Einfluss des Mondes auf die Erde die Gravitation. Die Ozeane wölben sich unter der Anziehungskraft des Mondes während seines Zyklus um die Erde und erzeugen Fluten, die dem Mond zugewandt sind, und eine entgegengesetzte Gruppe, die sich in die andere Richtung trifft. Gezeitenbewegungen, der regelmäßige Anstieg und Abfall des Meeresspiegels, sind ein entscheidendes Naturphänomen, das sich auf das Meeresleben, die Küstenökosysteme und sogar auf menschliche Aktivitäten wie die Fischerei auswirkt.

Die Anziehungskraft des Mondes wirkt sich auf die Ozeane der Erde aus und bewirkt eine leichte Verformung der Erdform. Dieses Phänomen, das als axiale Präzession der Erde bekannt ist, verursacht im Laufe der Zeit ein allmähliches Wackeln in der Rotationsachse des Planeten. Der Gravitationseinfluss des Mondes und der Sonne tragen zu dieser Präzession bei und beeinflussen die Ausrichtung der Pole der Erde und den Zeitpunkt der Tagundnachtgleichen und Sonnenwenden. Während diese Veränderungen über riesige Zeitskalen stattfinden, unterstreichen sie die komplizierte Himmelsmechanik, die die Bewegungen und Jahreszeiten der Erde bestimmt.

Über die Gravitationskräfte hinaus erstreckt sich der Einfluss des Mondes auch auf die Erdatmosphäre. Obwohl der Mond keine eigene Atmosphäre hat, wirkt sich seine Anziehungskraft auf die Erdatmosphäre aus, insbesondere an den Rändern der Atmosphäre, wo er auf den Weltraum trifft. Diese gravitative Wechselwirkung führt zu einem Phänomen, das als atmosphärische Gezeiten bekannt ist. Obwohl diese Gezeiten viel schwächer sind als die ozeanischen Gezeiten, tragen sie zur komplexen Dynamik der atmosphärischen Zirkulation der Erde bei.

Der Einfluss des Mondes ist nicht auf den physischen Bereich beschränkt; Sie erstreckt sich auf die kulturellen und symbolischen Dimensionen menschlicher Gesellschaften. Im Laufe der Geschichte hatte der Mond eine tiefe Bedeutung in der Mythologie, Folklore und im religiösen Glauben. In verschiedenen Kulturen wird der Mond als Gottheit personifiziert, die für Lebenszyklen, Tod und Wiedergeburt steht. Das Zunehmen und Abnehmen des Mondes wurde metaphorisch mit der Ebbe und Flut menschlicher Erfahrungen in Verbindung gebracht und beeinflusste Rituale, Feiern und spirituelle Praktiken.

Im alten Mesopotamien verehrten die Sumerer den Mondgott Nanna, der Zeit und Gezeiten regierte. Der von den Sumerern entwickelte Mondkalender leitete die landwirtschaftlichen Aktivitäten und wurde zu einem kulturellen Prüfstein, der nachfolgende Zivilisationen beeinflusste. In ähnlicher Weise wird der Mond in der hinduistischen Mythologie als Chandra personifiziert, ein Gott, der mit Schönheit und Erleuchtung in Verbindung gebracht wird. Die Mondphasen symbolisieren den kosmischen Tanz von Schöpfung und Zerstörung und spiegeln die zyklische Existenznatur der hinduistischen Kosmologie wider.

Die chinesische Folklore, die reich an Mondsymbolik ist, verehrt die Göttin Chang'e, die auf dem Mond residiert. Das Mittherbstfest, das in ganz Ostasien gefeiert wird, dreht sich um den Vollmond und ehrt die familiäre Einheit, bei der sich Familien versammeln, um den Glanz des Mondes zu genießen. In islamischen Traditionen bestimmt der Mondkalender den Zeitpunkt religiöser Feierlichkeiten, wobei die Mondsichel den Beginn eines jeden Monats markiert. Ramadan, der Fastenmonat, beginnt mit der Sichtung des Neumonds, der die Überschneidung von Mondzyklen mit religiösen Praktiken veranschaulicht.

In westlichen Kulturen war der Mond eine Muse für Dichter, Künstler und Philosophen. Sein silbriger Glanz und seine geheimnisvolle Anziehungskraft haben unzählige Werke der Literatur und Kunst inspiriert. Das Konzept eines "Mannes auf dem Mond" und verschiedener Mondgottheiten durchdringt die westliche Mythologie und trägt zu einer kulturellen Faszination bei, die bis heute anhält. Darüber hinaus hat die Assoziation des Vollmondes mit mystischen Phänomenen wie Werwölfen und Hexen unauslöschliche Spuren in der westlichen Folklore und Populärkultur hinterlassen.

Die wissenschaftliche Erforschung der Neuzeit hat unser Verständnis des Einflusses des Mondes auf die Erde vertieft. Die Apollo-Missionen, die in den 1960er und 1970er Jahren von der NASA initiiert wurden, markierten einen historischen Meilenstein in der bemannten Raumfahrt. Diese Missionen erzeugten die ersten menschlichen Fußabdrücke auf der Mondoberfläche und lieferten wichtige wissenschaftliche Informationen. Das von den Astronauten zurücktransportierte Mondgestein lieferte Informationen über die Zusammensetzung des Mondes, die geologische Vergangenheit und den Ort im ausgedehnteren Sonnensystem.

Der Einfluss des Mondes auf die Erde erstreckt sich auch auf den Bereich der Astrobiologie. Wissenschaftler betrachten den Mond als einen natürlichen Himmelskörper, der Zeuge der biologischen Entwicklung der Erde war. Mondgestein, das keine Atmosphäre hat, liefert eine einzigartige Aufzeichnung des Sonnenwindes und der kosmischen Strahlung und bietet einen Einblick in die Bedingungen, die im frühen Sonnensystem herrschten. Das Studium der Geschichte des Mondes ermöglicht es Wissenschaftlern, auf die Umweltveränderungen auf der Erde zu schließen und die Faktoren zu verstehen, die die Entstehung und Erhaltung von Leben erleichtert haben.

Darüber hinaus wird der Mond als Himmelslabor genutzt, um grundlegende physikalische Theorien zu testen. Die Wissenschaftler konnten die genaue Entfernung zwischen Erde und Mond dank Experimenten bestimmen, die während der Apollo-Missionen durchgeführt wurden, wie z. B. die Installation von Retroreflektoren. Diese Experimente liefern wichtige Informationen, die uns helfen, die Raumzeit und die Gravitationsdynamik besser zu verstehen.

Im 21. Jahrhundert ist ein erneutes Interesse an der Erforschung des Mondes entstanden, wobei staatliche Raumfahrtagenturen und private Unternehmen Missionen planen, um eine dauerhafte menschliche Präsenz auf dem Mond zu etablieren. Diese Bestrebungen zielen darauf ab, unsere wissenschaftlichen Erkenntnisse zu erweitern und die potenziellen Ressourcen des Mondes zu erforschen, wie z. B. Wassereis, das die zukünftige Weltraumforschung unterstützen und als Sprungbrett für Missionen zum Mars und darüber hinaus dienen könnte.

Zusammenfassend lässt sich sagen, dass der Einfluss des Mondes auf die Erde ein reicher Teppich ist, der aus wissenschaftlichen Phänomenen, kultureller Symbolik und menschlicher Erkundung gewoben ist. Von der Gestaltung der Gezeiten, die unsere Küsten formen, bis hin zu inspirierenden künstlerischen und spirituellen Ausdrucksformen nimmt der Mond eine zentrale Rolle in der menschlichen Erfahrung ein. Während wir weiterhin die Geheimnisse unseres himmlischen Begleiters durch wissenschaftliche Erkundung und kulturelle Wertschätzung enträtseln, bleibt der Mond ein leuchtendes Zeugnis für die Verbundenheit von Erde und Kosmos.

Mondenergie für Magie nutzbar machen

Das Konzept, die Mondenergie für magische Praktiken nutzbar zu machen, ist tief in alten Traditionen und mystischen Überzeugungen verwurzelt und überwindet kulturelle Grenzen, um einen Teppich der Mondmagie zu weben, der Jahrhunderte umspannt. In verschiedenen Zivilisationen wurde der Mond als himmlische Kraft mit transformativen Kräften verehrt, die alles beeinflusste, von Gezeiten und landwirtschaftlichen Zyklen bis hin zu menschlichen Emotionen und Spiritualität. Dieser Abschnitt erkundet das mystische Reich der Nutzung der Mondenergie für Magie und befasst sich mit den historischen, kulturellen und zeitgenössischen Aspekten der Mondmagie als einer mächtigen und verehrten Form metaphysischer Praxis.

Der Mond wurde in alten Zivilisationen oft verehrt und in religiöse Praktiken integriert. Die zunehmenden und abnehmenden Zyklen des Mondes wurden als symbolische Darstellungen von Geburt, Tod und Wiedergeburt angesehen. In Mesopotamien verehrten die Sumerer den Mondgott Nanna und schrieben ihm die Herrschaft über die Zeit und die Gezeiten zu. Der Mondkalender, der von diesen alten Astronomen erfunden wurde, wurde entscheidend für die landwirtschaftliche Planung und zeremonielle Zeremonien. In ähnlicher Weise hatte der Mond im alten Ägypten eine Bedeutung für religiöse Riten, bei denen Mondzyklen in den landwirtschaftlichen Kalender integriert wurden, um sich an der jährlichen Überschwemmung des Nils auszurichten.

Die Verbindung zwischen Mondphasen und magischen Praktiken hielt sich durch verschiedene Kulturen. Selene verkörperte den Mond im antiken Griechenland und repräsentierte seine ätherische Schönheit und seinen Einfluss. Die Griechen glaubten an die magischen Eigenschaften des Mondlichts und verbanden es mit Inspiration, Träumen und nächtlicher Verzauberung. Diese Verbindung zwischen dem Mond und dem mystischen Reich spiegelt sich auch in der griechischen Göttin Hekate wider, die oft als dreifache Gottheit dargestellt wird, die mit den Phasen Neumond, Vollmond und dunklem Mond verbunden ist und die Phasen des Lebens, des Todes und der Wiedergeburt symbolisiert.

Die römische Tradition umfasste auch Mondgottheiten, wobei Luna einen prominenten Platz in ihrem Pantheon einnahm. Luna, die Göttin des Mondes, wurde für ihre Rolle bei der Erleuchtung des Nachthimmels verehrt. Die Römer feierten Lunalia, ein Fest, das Luna gewidmet war, mit Ritualen und Zeremonien, die durchgeführt wurden, um ihre wohlwollende Energie zu beschwören. Der Einfluss des Mondes erstreckte sich bis in die römische Folklore, wo man glaubte, dass der Mond die Fruchtbarkeit und den Menstruationszyklus von Frauen steuert.

Auf dem Weg nach Osten bettete das alte China die Mondmagie in seine kulturellen und spirituellen Praktiken ein. Die Chinesen glaubten an die Yin- und Yang-Energien, wobei der Mond das Yin repräsentiert, das mit Empfänglichkeit, Intuition und Weiblichkeit in Verbindung gebracht wird. Die taoistischen Traditionen machten sich die Mondbeobachtung zu eigen, um sich mit den himmlischen Energien zu verbinden und die transformativen Kräfte des Mondes zu nutzen. Die alten Chinesen hielten sich auch an den Mondkalender und nutzten ihn für landwirtschaftliche Aktivitäten und traditionelle Feste, wie das Mittherbstfest, eine Feier der Schönheit des Vollmondes und der symbolischen Wiedervereinigung von Familien.

Im Hinduismus ist der Mond in der Mythologie und in zeremoniellen Praktiken von Bedeutung. Der Mondgott Chandra gilt als Verkörperung von Schönheit, Anmut und Kreativität. Das Zunehmen und Abnehmen des Mondes sind Metaphern für die zyklische Natur des Lebens und das Streben nach spiritueller Erleuchtung. Hinduistische Feste, wie Karva Chauth, beinhalten Rituale, die sich die Mondenergie zunutze machen, mit Fasten und Gebeten, die von Frauen durchgeführt werden, um das Wohlergehen und die Langlebigkeit ihrer Ehepartner zu erreichen, und die oft mit der Sichtung des Mondes enden.

Die Mondmagie fand auch ihren Weg in verschiedene indigene Kulturen. Die Stämme der amerikanischen Ureinwohner strukturierten ihre Zeremonien und Rituale um Mondzyklen herum und erkannten den Mond als leitende Kraft in ihren spirituellen Praktiken. Die Lakota-Sioux zum Beispiel halten bei Vollmond heilige Zeremonien ab und würdigen Großmutter Moon als Quelle der Weisheit und Führung. In ähnlicher Weise schreiben die Cherokee dem Mond heilende Eigenschaften zu und führen während bestimmter Mondphasen Zeremonien durch, um seine mystischen Energien zu nutzen.

Die mittelalterliche europäische Tradition wurde stark durch die Vermischung heidnischer Praktiken mit aufkommenden christlichen Glaubensvorstellungen beeinflusst – die mittelalterlichen Grimoires, Bücher, die Anweisungen für Rituale und Zaubersprüche enthielten, enthielten oft Mondentsprechungen und Zeitangaben. Die Vorstellung, dass Mondphasen das magische Wirken beeinflussen, hat sich im westlichen Okkultismus verfestigt, wobei der Vollmond als eine Zeit erhöhter magischer Energie und Manifestation angesehen wird.

Während der Renaissance befeuerte die Wiederbelebung des Interesses an alten Weisheiten und esoterischen Traditionen die Erforschung der Mondmagie weiter. Alchemisten und Mystiker versuchten, die transformativen Energien des Mondes zu nutzen, um die Geheimnisse des Universums zu entschlüsseln. Das Konzept der sympathischen Magie, bei der Gleiches Gleiches anzieht, wurde auf die Mondmagie angewendet, wobei die Praktizierenden ihre Absichten auf die entsprechenden Mondphasen ausrichteten, um optimale Ergebnisse zu erzielen.

In der Volksmagie und Hexerei spielte die Mondenergie eine zentrale Rolle. Hexen und schlaue Menschen glaubten, dass die Mondphasen die Potenz ihrer Zaubersprüche und Rituale beeinflussten. Der zunehmende Mond wurde mit Wachstum und Manifestation in Verbindung gebracht, was ihn zu einer idealen Zeit für Zaubersprüche machte, um Liebe, Reichtum oder Erfolg anzuziehen. Umgekehrt eignete sich der abnehmende Mond dazu, Rituale zu verbannen, Hindernisse aus dem Weg zu räumen oder negative Energien freizusetzen. Der Vollmond mit seiner höchsten Energie galt als eine kraftvolle Zeit für Wahrsagerei, das Aufladen magischer Werkzeuge und die Durchführung von Ritualen von erhöhter Intensität.

Die moderne Wiederbelebung des Interesses an Hexerei und zeitgenössischen heidnischen Praktiken hat zu einem Wiederaufleben der Mondmagie geführt. Wicca, eine moderne heidnische religiöse Bewegung, betont stark die Zyklen des Mondes. Viele Wiccas zelebrieren Esbats, monatliche Rituale, die bei Vollmond durchgeführt werden, bei denen sie mit den Mondenergien kommunizieren, Zaubersprüche wirken und Wahrsagerei betreiben. Das Wicca-Rad des Jahres, ein Zyklus von acht saisonalen Festen, beinhaltet Mondphasen, während die Praktizierenden ihre magischen Wirkungen auf das sich ständig verändernde Gesicht des Mondes abstimmen.

Moderne Hexereipraktizierende erschaffen oft Mondaltäre, die mit Symbolen, Kristallen und Darstellungen geschmückt sind, die den Mondphasen entsprechen. Die unterschiedlichen magischen Ziele jeder Mondphase können den Rahmen für die Planung von Zaubersprüchen und Ritualen bilden. Zum Beispiel ist der Vollmond am besten für Ermächtigung und Manifestation geeignet, und der Neumond wird als eine Zeit für Absichten und Neuanfänge angesehen.

Kristalle und Edelsteine sind ein wesentlicher Bestandteil der Mondmagie und es wird angenommen, dass sie die Mondenergien verstärken und kanalisieren. Mondstein, der mit den Mondgöttinnen in Verbindung gebracht wird, wird für seine reflektierenden Eigenschaften und seine Verbindung zur Intuition verehrt. Benannt nach der Mondgöttin Selene, soll Selenit die psychische und spirituelle Wahrnehmung verbessern. Praktizierende laden ihre Kristalle häufig im Licht des Vollmondes auf, um ihnen zusätzliche magische Eigenschaften zu verleihen.

Auch Kräuter und Pflanzen spielen in der Mondmagie eine entscheidende Rolle. Es wird angenommen, dass verschiedene Mondphasen die Potenz von Kräutern beeinflussen, wobei Praktiker bestimmte Pflanzen ernten oder verwenden, die auf dem Mondzyklus basieren. Kultiviert mit Pflanzen, die der Energie des Mondes entsprechen, werden Mondgärten zu heiligen Räumen für magische Wirkungen. Kräuter wie Beifuß, die mit Mondenergie und Träumen in Verbindung gebracht werden, werden oft in Ritualen verwendet, um übersinnliche Fähigkeiten und visionäre Erfahrungen zu verbessern.

Mondwasser, Wasser, das sich unter dem Licht des Mondes auflädt, ist ein magisches Grundnahrungsmittel auf dem Mond. Die Praktizierenden sammeln Wasser während bestimmter Mondphasen und durchdringen es mit der Energie des Mondes. Mondwasser wird dann für die rituelle Reinigung, die Weihe magischer Werkzeuge und die Salbung während Zaubersprüchen verwendet. Die Idee ist, die Essenz der Mondenergie im Wasser einzufangen und so ein mächtiges und vielseitiges magisches Werkzeug zu schaffen.

Der Mondkalender leitet die Praktizierenden der Mondmagie an, indem er anzeigt, wann bestimmte magische Operationen am effektivsten sind. Jede der acht Phasen des Mondzyklus – Neumond, zunehmende Sichel, erstes Viertel, zunehmender Gibbous, Vollmond, abnehmender Gibbous, letztes Viertel und abnehmender Halbmond – hat entsprechende Energien und magische Bedeutungen. Das Verständnis dieser Stadien ermöglicht es den Praktizierenden, ihre Absichten mit den natürlichen Zyklen der Mondenergie in Einklang zu bringen.

Während die mystische Faszination der Mondmagie von Traditionen durchdrungen ist, erneuern und adaptieren zeitgenössische Praktizierende diese alten Praktiken weiterhin. Das Aufkommen von Online-Communities, Büchern und Workshops hat den Austausch von Wissen und Erfahrungen unter denjenigen erleichtert, die sich mit Mondmagie beschäftigen. Social-Media-Plattformen dienen als virtuelle Hexenzirkel, in denen sich Praktizierende vernetzen, Rituale austauschen und gemeinsam die Magie des Mondes feiern.

Zusammenfassend lässt sich sagen, dass die Nutzung der Mondenergie für Magie eine reiche und dauerhafte Tradition ist, die Zeit und kulturelle Grenzen überwindet. Die Wirkung des Mondes auf magische Praktiken war schon immer eine Quelle der Kraft und Inspiration für Menschen, die sich mit Magie beschäftigten, von alten Zivilisationen bis hin zu zeitgenössischer Hexerei und heidnischen Gemeinschaften. Durch übliche Praktiken, aktuelle Modifikationen oder die Erforschung bestimmter Assoziationen mit dem Mond entdecken die Menschen beharrlich einen Sinn im ätherischen Bereich der Mondzauberei und integrieren ihre Ziele in die kosmische Trance der Mondkugel.

KAPITEL II

Mondphasen und ihre Bedeutung

Neumond: Anfänge und Absichten

Der Neumond, ein Himmelsphänomen, das den Beginn eines Mondzyklus markiert, wurde kulturübergreifend als kraftvolle und glückverheißende Zeit für Neuanfänge und Absichten verehrt. Dieser Abschnitt befasst sich mit der Bedeutung des Neumondes und erforscht seine spirituellen, kulturellen und metaphysischen Dimensionen als Symbol der Erneuerung und Manifestation. Der Neumond wird traditionell mit Erneuerung, Selbstbeobachtung und dem Beginn lebensverändernder Aktivitäten in Verbindung gebracht.

In verschiedenen Mythologien und spirituellen Traditionen stellt der Neumond einen kosmischen Reset dar oder den Moment, in dem der Mond seine Reise neu beginnt und allmählich zunimmt, um den Nachthimmel zu erhellen. Menschen können während des Neumonds persönliche Transformationen bewirken, da dieses zyklische Muster die Höhen und Tiefen des Lebens widerspiegelt. Der Mond wurde von alten Kulturen wie den Griechen und Römern als Himmelskörper verehrt, der mit den Zyklen Leben und Tod verbunden war. Die griechische Mythologie besagte, dass die Energie des Neumonds, der die Möglichkeit frischer Sterne verkörpert, durch die Mondgöttin Selene repräsentiert wurde. In ähnlicher Weise gedachten die Römer des Neumonds als Repräsentation von Lunas restaurativer Kraft über den Nachthimmel.

Der Zusammenhang zwischen Neumond und Erneuerung wird auch in der hinduistischen Mythologie veranschaulicht, wo der Mondgott Chandra mit Regenerationszyklen in Verbindung gebracht wird. Das Zunehmen und Abnehmen des Mondes symbolisiert in der hinduistischen Kosmologie den ewigen Tanz von Schöpfung und Auflösung und unterstreicht die

Bedeutung des Neumondes als Katalysator für Neuanfänge. In der chinesischen Folklore wird der Neumond mit der Verjüngung der Energien in Verbindung gebracht, was mit dem Yin-Aspekt der Yin-Yang-Philosophie übereinstimmt. Das Yin, das für Empfänglichkeit und das Weibliche steht, spiegelt sich in der symbolischen leeren Leinwand des Neumondes wider – eine Zeit, in der Absichten gesät und genährt werden können.

Kulturen auf der ganzen Welt haben den Neumond in ihre Kalender und Rituale aufgenommen. Die jüdische Tradition zum Beispiel markiert den Beginn eines jeden Monats mit dem Erscheinen des Neumonds. Rosch Chodesch, der Neumond feiert, ist eine Zeit der Besinnung, des Gebets und des Festlegens von Absichten für den kommenden Monat. Im Islam regelt der Mondkalender die religiösen Bräuche, und die Sichtung des Neumondes markiert den Beginn eines jeden islamischen Monats. Dieser Moment ist während des heiligen Monats Ramadan besonders bedeutsam und unterstreicht die spirituelle Bedeutung des Neumondes bei der Einführung heiliger Praktiken.

In der Magie und Metaphysik ist der Neumond eine fruchtbare Zeit, um Absichten zu setzen und Samen für zukünftige Manifestationen zu pflanzen. Viele Praktizierende von Magie und Hexerei richten ihre Arbeit an den Mondzyklen aus und erkennen die einzigartigen Energien, die mit jeder Phase verbunden sind. Mit seinem symbolischen unbeschriebenen Blatt ist der Neumond eine ideale Zeit für den Einzelnen, um sich auf seine Wünsche, Ziele und Bestrebungen zu konzentrieren. Diese Periode wird oft mit Introspektion in Verbindung gebracht, die es dem Einzelnen ermöglicht, zu erkennen, was er manifestieren möchte.

Neumondrituale variieren je nach magischer Tradition, aber gemeinsame Themen sind Meditation und symbolische Schöpfungsakte. Praktizierende können sich an Ritualen wie Kerzenmagie beteiligen, bei der die Flamme den Funken der Absicht darstellt, oder

Kristallaufladung, bei der die Energie ausgewählter Steine genutzt wird, um Absichten zu verstärken. Das Aufschreiben von Absichten auf Papier, oft als Neumond-Manifestationsliste, ist eine weit verbreitete Praxis, die die eigenen Wünsche in greifbarer Form begründet. Wenn der Mond seine zunehmende Phase beginnt, glaubt man, dass diese Absichten an Schwung und Energie gewinnen und sich mit den natürlichen Kräften des Universums in Einklang bringen.

Kristalle, die mit Neumondenergie in Verbindung gebracht werden, wie klarer Quarz und Mondstein, werden in dieser Phase oft in Ritualen verwendet. Es wird angenommen, dass klarer Quarz, der als vielseitiger Verstärker bekannt ist, die Potenz von Absichten erhöht, während Mondstein, der mit Mondenergien verbunden ist, Intuition und Empfänglichkeit fördern soll. Diese Kristalle werden unter dem Einfluss des Neumondes gereinigt und aufgeladen, wodurch sie mit der Energie des Neubeginns durchtränkt werden.

Kräuter und Pflanzen spielen auch eine Rolle bei Neumondritualen, wobei die Praktizierenden botanische Verbündete auswählen, die mit der Absichtssetzung und Einweihung verbunden sind. Kräuter wie Salbei, Lavendel und Weihrauch können zum Räuchern oder als Zutaten in Ritualen verwendet werden, um die energetische Atmosphäre zu verbessern und einen sensorischen Hintergrund für Manifestationspraktiken zu schaffen. Die Aromatherapie, die oft in Neumondrituale integriert wird, nutzt die Kraft der Düfte, um bestimmte Energien hervorzurufen, die der Absichtssetzung und Reflexion förderlich sind.

In der Astrologie stellt der Neumond eine Konjunktion von Sonne und Mond dar, die ihre Energien in einem bestimmten Tierkreiszeichen ausrichten. Diese astrologische Platzierung fügt dem Einfluss des Neumondes eine Nuance hinzu, da jedes Sternzeichen mit unterschiedlichen Qualitäten und Themen verbunden ist. Menschen konsultieren oft astrologische Horoskope, um einen Einblick in die spezifischen Energien eines

Neumondes zu erhalten, und passen ihre Absichten an das astrologische Zeichen an, in dem der Neumond auftritt. Zum Beispiel könnte ein Neumond im Widder Absichten in Bezug auf Durchsetzungsvermögen, Mut und neue Unternehmungen inspirieren. Im Gegensatz dazu kann ein Neumond in den Fischen Absichten fördern, die sich auf Intuition, Kreativität und spirituelle Bestrebungen konzentrieren.

Das Konzept des "dunklen Mondes" wird manchmal synonym mit dem Neumond verwendet, obwohl einige Traditionen zwischen den beiden unterscheiden. Der dunkle Mond gilt als die Zeit unmittelbar vor dem Neumond, in der der Mond am Nachthimmel völlig unsichtbar ist. Einige Praktizierende betrachten den dunklen Mond als eine Zeit der tiefen Selbstbeobachtung, der Schattenarbeit und des Loslassens alter Muster, bevor der Neumond den Beginn neuer Absichten ankündigt. Dieser nuancierte Ansatz erkennt die subtilen Energieverschiebungen während des Übergangs vom dunklen Mond zum Neumond.

In der zeitgenössischen spirituellen und Selbsthilfelandschaft ist der Neumond zu einem Brennpunkt für Praktiken der Absichtssetzung geworden. Die Zugänglichkeit von Informationen und das Aufkommen von Social-Media-Plattformen haben den Austausch von Neumondritualen und Manifestationstechniken erleichtert. Online-Communities, Workshops und geführte Meditationen, die sich um den Neumond drehen, haben einen virtuellen Raum geschaffen, in dem Individuen zusammenkommen und während dieser Mondphase gemeinsam die Kraft der Absicht nutzen können.

Die Integration von Technologie und Spiritualität hat zur Entwicklung von Neumond-Apps geführt, die den Nutzern Informationen über Mondphasen, astrologische Ausrichtungen und geführte Rituale bieten, die auf jeden Neumond zugeschnitten sind. Diese digitalen Werkzeuge bieten eine moderne Wendung zu uralten Praktiken und machen die Mondmagie weltweit zugänglicher.

Einzelpersonen können bequem von zu Hause aus Benachrichtigungen erhalten, an virtuellen Zusammenkünften teilnehmen und an geführten Zeremonien teilnehmen, was ein Gemeinschaftsgefühl und eine gemeinsame Absicht fördert.

Kritiker argumentieren, dass die Kommerzialisierung und Popularisierung von Neumondritualen die Gefahr birgt, die Tiefe und Authentizität dieser Praktiken zu verwässern. Während Social-Media-Plattformen visuell ansprechende Rituale und ästhetisch ansprechende Altäre präsentieren, kann die Essenz der persönlichen Verbindung und Absichtssetzung überschattet werden. Ein Gleichgewicht zwischen der modernen Bequemlichkeit digitaler Plattformen und der Natur echter, von Herzen kommender Absichten zu finden, ist eine Herausforderung für diejenigen, die sich in der zeitgenössischen Landschaft des magischen Gesichts des Mondes zurechtfinden.

Zusammenfassend lässt sich sagen, dass die Symbolik des Neumondes für Erneuerung und Neuanfang eine zeitlose und universelle Anziehungskraft hat. Ob aus der Sicht der Mythologie, der Spiritualität oder der zeitgenössischen Metaphysik, der Neumond ist eine kosmische Leinwand, auf der Individuen ihre Bestrebungen und Absichten einschreiben können. Während sich Kulturen und spirituelle Praktiken weiterentwickeln, bleibt die Essenz des Neumondes eine Quelle der Inspiration, die den Einzelnen einlädt, am ewigen Tanz der Schöpfung und Manifestation unter dem himmlischen Glanz des Mondzyklus teilzunehmen.

Zunehmende Sichel bis Vollmond: Manifestation und Wachstum

Die Reise von der zunehmenden Sichel zum Vollmond im Mondzyklus ist eine Zeit tiefgreifender energetischer Transformation, die die Stufen der Manifestation, des Wachstums und der Fruchtbarkeit symbolisiert. Diese Periode, die durch die zunehmende Beleuchtung des Mondes gekennzeichnet ist, hat eine Bedeutung in verschiedenen spirituellen, magischen und kulturellen Traditionen. Während der Mond seine Phasen durchläuft, von der schlanken Sichel bis zur strahlenden Vollkugel, spiegelt er die zyklische Natur des Lebens wider und bietet eine symbolische Struktur für die Entwicklung des Einzelnen und der Gruppe. Dieser Abschnitt erforscht die zunehmende Sichel, um die Mondphase zu vervollständigen, enträtselt ihren symbolischen Reichtum und befasst sich damit, wie sie in verschiedenen Kulturen und mystischen Praktiken interpretiert und genutzt wurde.

Die zunehmende Sichel, die Anfangsphase nach dem Neumond, markiert den Beginn der Reise des Mondes zur vollen Erleuchtung. Wissenschaftlich gesehen entfaltet sich diese Phase, wenn die Sonnenstrahlen nach und nach einen bedeutenderen Teil der Mondoberfläche beleuchten, der von der Erde aus sichtbar ist. Metaphorisch wird die zunehmende Sichel oft mit dem Keimen von Absichten in Verbindung gebracht, die während des Neumonds gesetzt werden. Es ist eine Zeit, in der die Samen des Verlangens zu sprießen beginnen und Individuen eine subtile, aber spürbare Energiewelle spüren können, die sie vorwärts treibt. In verschiedenen Mythologien ist die zunehmende Sichel mit den ersten Regungen des Lebens verwandt – ein Moment, der mit Potenzial schwanger ist.

In magischen und metaphysischen Traditionen ist die zunehmende Halbmondphase eine günstige Zeit, um Absichten zu verstärken, Zauber für das Wachstum zu wirken und die Bühne für die Manifestation zu bereiten. Die Praktizierenden richten ihre magischen Wirkungen auf die zunehmende Energie des zunehmenden Mondes aus und nutzen diese Periode, um ihre Wünsche mit dem Schwung zu erfüllen, der für die Verwirklichung erforderlich ist. Rituale in dieser Phase beinhalten oft Aktivitäten wie Kerzenmagie, bei der jeden Tag eine Kerze angezündet wird, die das allmähliche Wachstum der Absichten symbolisiert. Kristalle, die mit der Verstärkung und Entwicklung in Verbindung gebracht werden, wie Citrin und Karneol, können unter dem Einfluss der zunehmenden Sichel aufgeladen werden, um ihre Schwingungskraft zu erhöhen.

Wenn sich der Mond auf das erste Viertel zubewegt, nimmt seine Beleuchtung zu und die symbolische Dynamik verstärkt sich. In alten Kulturen wurde der Mond des ersten Viertels oft mit Themen des Handelns und der Überwindung von Hindernissen in Verbindung gebracht. Die Griechen zum Beispiel verbanden den Mond des ersten Viertels mit der Göttin Artemis, einem Symbol für Stärke, Mut und Unabhängigkeit. Die Energie des zunehmenden Mondes richtet sich nach der Überwindung von Herausforderungen und dem Voranschreiten des gewählten Weges. Diese Phase lädt den Einzelnen ein, proaktive Schritte zu unternehmen, um seine Absichten zu manifestieren und den Geist des Fortschritts und der Beharrlichkeit zu verkörpern.

In der hinduistischen Mythologie richtet sich der Mond des ersten Viertels nach der zunehmenden Phase von Chandra, dem Mondgott. Chandra repräsentiert das Streben nach spiritueller Weisheit und Tugend, was diese Phase förderlich für Bestrebungen macht, die sich auf höheres Bewusstsein und persönliche Entwicklung ausrichten. Der Mondzyklus, durchdrungen von der Symbolik von Chandras Reise, wird zu einem kosmischen Wegweiser für diejenigen, die Wachstum in materiellen Bestrebungen und innerer Transformation suchen.

In modernen magischen Praktiken wird die zunehmende Sichel zum Mond des ersten Viertels oft für absichtssetzende Rituale genutzt, bei denen Ziele, Affirmationen oder Wünsche aufgeschrieben werden. Während dieser Phase erstellen einige Praktiker Vision Boards, visuelle Darstellungen ihrer Bestrebungen. Die Absicht ist, sich auf das zu konzentrieren, was aktiv kultiviert und genährt wird, und die eigenen Energien mit dem expansiven Einfluss des zunehmenden Mondes in Einklang zu bringen.

Die Reise vom ersten Viertel bis zum zunehmenden Mond markiert eine Periode des stetigen Wachstums und der Festigung. In der landwirtschaftlichen Tradition entspricht diese Phase der Reifung von Feldfrüchten und spiegelt die Idee wider, Absichten in greifbare Früchte zu tragen. Die zunehmende Gibbous-Phase lädt den Einzelnen ein, den Fortschritt seiner Bemühungen zu bewerten, bei Bedarf Anpassungen vorzunehmen und sein Engagement für die Ziele zu bekräftigen, die er sich zu Beginn des Mondzyklus gesetzt hat.

In der chinesischen Folklore wird der zunehmende Mond mit der Mondgöttin Chang'e und dem Jadehasen in Verbindung gebracht. Die Geschichte erzählt von Chang'es Aufstieg zum Mond und dem unaufhörlichen Stampfen des Elixiers der Unsterblichkeit durch das Jadekaninchen. Die Symbolik umfasst hier Themen wie Hingabe, Anstrengung und das stetige Streben nach höheren Idealen. Dieses kulturelle Narrativ schwingt mit den Energien des zunehmenden Gibbous-Mondes mit und ermutigt die Individuen, in ihren Bestrebungen zu beharren und Anstrengungen in den Wachstumsprozess zu investieren.

Aus magischer Sicht ist die Waxing-Gibbous-Phase förderlich für Zaubersprüche und Rituale, bei denen es darum geht, Absichten aufzubauen, zu stärken und zu verstärken. Dies kann Aktivitäten wie das Aufladen von Kristallen für Ausdauer und Ausdauer, das Herstellen von Talismanen, um die wachsende Energie von Zielen zu symbolisieren, oder die Teilnahme an Meditationspraktiken umfassen, die darauf abzielen, Konzentration und Entschlossenheit zu festigen. Die Mondenergie während dieser Phase unterstützt den schrittweisen Aufbau von Stärke und Widerstandsfähigkeit angesichts von Herausforderungen.

Astrologisch gesehen tritt der zunehmende Mond oft im Tierkreiszeichen auf, das dem der Sonne entgegengesetzt ist. Diese Opposition gilt als eine Zeit des Gleichgewichts und der Integration, in der die Energien von Sonne und Mond Hand in Hand arbeiten. Der Einzelne kann feststellen, dass die äußeren und inneren Aspekte seines Lebens effektiver harmonieren und ein förderliches Umfeld für nachhaltiges Wachstum und Manifestation schaffen.

Wenn sich der Mond der vollen Beleuchtung nähert und den Höhepunkt seiner zunehmenden Phase erreicht, tritt er in das zunehmende Gibbous-Stadium ein, um den Mondübergang zu vollenden. Dies ist eine entscheidende Periode im Mondzyklus, die oft mit Spitzenenergie, erhöhter Intuition und der Kulmination von Absichten verbunden ist. Mit seinem strahlenden Schein dient der Vollmond als Leuchtfeuer, das die Manifestation von Wünschen und die Verwirklichung von Zielen symbolisiert.

Kulturell wird der Vollmond in verschiedenen Traditionen verehrt und gefeiert. Im antiken Griechenland war der Vollmond der Göttin Selene gewidmet und verkörperte die leuchtende Schönheit und transformative Kraft des Mondes. Auch die Römer verehrten Luna bei Vollmond und erkannten ihren Einfluss auf die Natur und die menschlichen Emotionen. Indigene Kulturen hielten oft Zeremonien bei Vollmond ab, um ihre energetische Kraft anzuerkennen und ihre erleuchtende Kraft für gemeinschaftliche und spirituelle Praktiken zu nutzen.

Aus metaphysischer Sicht kulminiert der Vollmond die Absichten, die während der zunehmenden Sichelphase gesetzt wurden. Bei Ritualen während des Vollmonds werden oft Kristalle, Werkzeuge und persönliche Gegenstände unter sein strahlendes Licht geladen, um sie mit der erhöhten Energie der Manifestation zu durchdringen. Einige Praktizierende führen bei jedem Vollmond Esbat-Rituale durch, spezielle Zeremonien, um Dankbarkeit auszudrücken, stagnierende Energien freizusetzen und den Höhepunkt der Bemühungen zu feiern.

Astrologisch gesehen steht der Vollmond in Opposition zu Sonne und Mond und stellt einen Moment der Erleuchtung und Klarheit dar. Es wird angenommen, dass diese Ausrichtung die Intuition stärkt und sie zu einer verheißungsvollen Zeit für Wahrsagerei, Meditation und Reflexion macht. Die erhöhte emotionale Energie eines Vollmondes kann auch ungelöste Gefühle oder Bedenken an die Oberfläche bringen und es den Menschen ermöglichen, sie zu konfrontieren und loszulassen.

Die Symbolik des Vollmondes ist tief in der modernen Kultur und Folklore verwurzelt. Beliebte Ausdrücke wie "once in a blue moon" oder "over the moon" spiegeln den Einfluss des Mondes auf Sprache und Ausdrücke wider. Das Konzept, dass der Vollmond das menschliche Verhalten beeinflusst, oft als "Mondeffekt" bezeichnet, ist ein Gegenstand von Faszination und Mythen. Obwohl wissenschaftliche Studien keinen direkten Zusammenhang zwischen dem Vollmond und Veränderungen im menschlichen Verhalten schlüssig bewiesen haben, bleiben die kulturellen Auswirkungen dieser Überzeugungen bestehen.

In magischen Traditionen wird der Vollmond oft als eine Zeit für erhöhte magische Wirken, Wahrsagerei und den Höhepunkt der Zauberkunst angesehen. Praktizierende können Rituale durchführen, um die Energien des Vollmondes für Heilung, Manifestation oder spirituelle Ermächtigung zu nutzen. Es wird angenommen, dass Wasser, das unter Vollmond aufgeladen wird, als "Mondwasser" bekannt ist, starke Mondenergie in sich trägt und in Ritualen, Salbungen und Zaubersprüchen verwendet wird.

Während dieser Phase werden bei Zeremonien häufig Vollmondkristalle wie Mondstein und Selenit verwendet. Benannt nach der Mondgöttin Selene, soll Selenit das spirituelle Bewusstsein und die Kommunikation mit anderen Dimensionen verbessern. Mondstein, der mit der Mondenergie verbunden ist, ist ein wirksames Werkzeug, um Offenheit und Intuition zu verbessern. Praktizierende platzieren diese Kristalle häufig unter dem Mond, um sie zu reinigen und aufzuladen und Zugang zu ihren erhöhten Energien zu erhalten.

Der Einfluss des Vollmondes erstreckt sich bis in den Bereich der Astrologie, wo jeder Vollmond in einem bestimmten Tierkreiszeichen auftritt. Die Qualitäten und Themen, die mit diesem Zeichen verbunden sind, würzen die energetische Kulisse des Vollmonds zusätzlich. Zum Beispiel kann ein Vollmond im Widder Individualität, Durchsetzungsvermögen und Initiation betonen, während ein Vollmond in den Fischen Sensibilität, Intuition und spirituelle Einsichten verbessern kann. Astrologen führen oft, indem sie sich die einzigartigen Energien jedes Vollmondes zunutze machen, basierend auf seiner Tierkreisposition.

Zusammenfassend lässt sich sagen, dass die Reise von der zunehmenden Sichel bis zum Vollmond im Mondzyklus eine symbolische Expedition ist, die die Manifestations- und Wachstumsphasen widerspiegelt. Ob durch die Linse der Mythologie, kultureller Praktiken oder magischer Traditionen betrachtet, die Energie des zunehmenden Mondes ist eine der fortschreitenden Absichtssetzung, der stetigen Festigung und der letztendlichen Verwirklichung. Wenn sich das Leuchten des Mondes intensiviert und seine strahlende Fülle erreicht, sind die Menschen eingeladen, den Höhepunkt ihrer Bemühungen zu feiern, Dankbarkeit auszudrücken und sich in der transformativen Kraft des Mondzyklus zu sonnen. Die zunehmende Sichel zur Vollendung der Mondphase dient als kosmische Erinnerung daran, dass die Reise zur Manifestation nicht nur ein linearer Fortschritt ist, sondern ein rhythmischer Tanz in Harmonie mit den himmlischen Kräften, die unsere Existenz regieren.

Von abnehmendem Gibbous zu Neumond: Befreiung und Erneuerung

Das abnehmende Gibbous zur Neumondphase im Mondzyklus steht für eine Zeit des Loslassens, der Besinnung und der Erneuerung. Wenn der Mond von seiner strahlenden Fülle in die stille Dunkelheit des Neumondes übergeht, trägt er die Symbolik des Abwerfens, Loslassens und der Vorbereitung auf einen neuen Wachstumszyklus mit sich. Dieser Abschnitt untersucht die Bedeutung des abnehmenden Gibbous für die Neumondphase und untersucht seine kulturellen, spirituellen und metaphysischen Dimensionen. In verschiedenen Traditionen und Praktiken wird diese Zeit als ein günstiger Moment für den Einzelnen angesehen, um loszulassen, was ihm nicht mehr dient, sich mit Selbstbeobachtung zu beschäftigen und die Bühne für einen Neuanfang zu bereiten.

Kulturell gesehen ist das abnehmende Gibbous zur Neumondphase in das Gewebe von Ritualen und Feiern in verschiedenen Zivilisationen eingewoben. Im alten Rom wurde die Mondgöttin Luna, die mit den zyklischen Veränderungen des Mondes in Verbindung gebracht wird, auch während der abnehmenden Phasen verehrt. Der abnehmende Mond, der sich langsam von seiner vollen Leuchtkraft zurückzog, markierte eine Zeit des Nachdenkens über den Lauf der Zeit, die Ebbe und Flut des Lebens und die unvermeidliche Erneuerung. In der chinesischen Kultur wird der abnehmende Mond oft mit Themen des Abschlusses und der Vollendung in Verbindung gebracht, was mit der Idee übereinstimmt, Projekte abzuschließen, alte Muster loszulassen und sich auf das Neue vorzubereiten.

Aus metaphysischer Sicht ist das abnehmende Gibbous zur Neumondphase eine kraftvolle Zeit, um Energien und Absichten loszulassen, die Früchte getragen haben oder nicht mehr mit dem eigenen Weg übereinstimmen. In magischen Traditionen beschäftigen sich die Praktizierenden in dieser Zeit mit der Verbannung, Befreiung und Klärung von Ritualen. Die Energie des abnehmenden Mondes wird genutzt, um die Beseitigung von Hindernissen, negativen Energien oder unerwünschten Einflüssen zu erleichtern. Die Zauberei in dieser Phase kann Praktiken wie Abnabelungszeremonien, symbolische Akte des Loslassens oder Rituale beinhalten, die sich darauf konzentrieren, alte Muster zu durchbrechen.

Der abnehmende Mond wird auch mit "abnehmender" oder abnehmender Energie in Verbindung gebracht. Dieser energetische Abstieg wird als Gelegenheit gesehen, sich nach innen zu wenden, über die Erfahrungen des vergangenen Mondzyklus nachzudenken und zu erkennen, was losgelassen werden muss. Das abnehmende Mondlicht korrespondiert mit einer allmählichen Abnahme der äußeren Energie, was den Einzelnen dazu ermutigt, seinen Fokus zur Selbstprüfung und Selbstbeobachtung nach innen zu richten.

In der Astrologie tritt die abnehmende Gibbous- bis Neumondphase häufig im Sternzeichen auf, das dem der Sonne entgegengesetzt ist. Dieser Gegensatz erzeugt eine Spannung, die in den Prozess des Loslassens und Loslassens kanalisiert werden kann. Einzelne Menschen können feststellen, dass äußere Umstände in dieser Phase interne Prozesse widerspiegeln und sie dazu veranlassen, ungelöste Probleme oder emotionalen Ballast anzusprechen.

In der hinduistischen Mythologie steht die abnehmende Sichel zur Neumondphase im Einklang mit der Herabkunft von Chandra, dem Mondgott, der die zyklische Natur von Leben und Tod symbolisiert. Dieser Abstieg wird nicht als Ende, sondern als notwendiger Schritt im ewigen Tanz von Schöpfung und Auflösung wahrgenommen. Die abnehmende Sichel zur Neumondphase ist eine Einladung, Anhaftungen loszulassen, das aufzugeben, was seinen Zweck erfüllt hat, und sich auf den nächsten Zyklus des Wachstums und der Evolution vorzubereiten.

Rituale des abnehmenden Mondes beinhalten oft Praktiken der Reinigung und energetischen Reinigung. Es ist üblich, mit Kräutern wie Palo Santo oder Salbei zu räuchern, da der Rauch angesammelte Energien freisetzt und einen heiligen Bereich für die Freisetzung schafft. Kristalle, die mit dem Loslassen in Verbindung gebracht werden, wie Obsidian und schwarzer Turmalin, können in Ritualen verwendet werden, um negative Energien zu absorbieren und umzuwandeln. Diese Kristalle werden oft in der Erde vergraben oder in fließendes Wasser gelegt, um sie zu reinigen und ihre Energien für die zukünftige Verwendung aufzuladen.

Das abnehmende Gibbous zur Neumondphase dient als Erinnerung daran, dass Loslassen ein integraler Bestandteil der zyklischen Natur des Daseins ist. So wie der Mond an Helligkeit verliert, so müssen die Menschen periodisch ablegen, was ihrem höchsten Wohl nicht mehr dient. Dieser Prozess der absichtlichen Befreiung steht im Einklang mit dem Konzept des "Ego-Todes" in spirituellen Traditionen, bei dem Individuen Aspekte ihrer Identität aufgeben, die das spirituelle Wachstum einschränken oder behindern.

Aus psychologischer Sicht kann das abnehmende Gibbous zur Neumondphase mit einer Zeit der Besinnung und emotionalen Entgiftung verglichen werden. Wenn der Mond abnimmt, kann es für den Einzelnen von Vorteil sein, sich mit Praktiken wie Tagebuchschreiben, Meditation oder Therapie zu beschäftigen, um Emotionen, Gedanken oder Muster zu erforschen und loszulassen, die nicht mehr nützlich sind. Diese innere Reflexion ist entscheidend für das persönliche Wachstum und die Kultivierung des Selbstbewusstseins.

In der Volksmagie und in traditionellen Praktiken ist die abnehmende Gibbous- bis Neumondphase eine günstige Zeit für die Verbannung von Zaubersprüchen und Ritualen. Dies kann bedeuten, unerwünschte Gewohnheiten, Situationen oder Energien auf ein Blatt Papier zu schreiben und es als symbolischen Akt der Befreiung zu verbrennen oder zu begraben.

Volkstraditionen integrieren in dieser Phase oft Spiegel, weil sie glauben, dass sie negative Energien reflektieren und vom Individuum ablenken können.

Astrologisch gesehen ist das abnehmende Gibbous zur Neumondphase mit dem Schließen von Zyklen und der Vorbereitung auf Neuanfänge verbunden. Es ist eine Zeit, vergangene Handlungen zu bewerten, aus Erfahrungen zu lernen und die Schiefertafel für den nächsten Mondzyklus freizumachen. Das astrologische Zeichen, in dem der Neumond auftritt, verleiht dieser Phase eine nuancierte Note und beeinflusst die Themen der Befreiung und Erneuerung basierend auf den Qualitäten dieses bestimmten Zeichens.

In einigen indianischen Traditionen wird das abnehmende Gibbous zur Neumondphase mit dem Konzept des "dunklen Mondes" in Verbindung gebracht. Dieser Begriff bezieht sich darauf, wenn der Mond am Nachthimmel nicht sichtbar ist. Während einige Traditionen zwischen dem dunklen Mond und dem Neumond unterscheiden, werden beide Phasen oft mit Introspektion, Träumen und dem Erschließen der unsichtbaren Bereiche in Verbindung gebracht. Der dunkle Mond gilt als eine Zeit, in der man nach innen geht, Führung vom Unterbewusstsein sucht und Anhaftungen an die materielle Welt loslässt.

Ein Gefühl von Ruhe und Stille markiert den Übergang von der abnehmenden Gibbous- zur Neumondphase. Das schwindende Licht des abnehmenden Mondes lädt den Menschen ein, seine Aufmerksamkeit nach innen zu richten, die Dunkelheit zu umarmen und Trost in der Leere zu finden. Es ist eine Zeit, in der nicht nur greifbare, sondern auch immaterielle Aspekte des Lebens losgelassen werden, wie z.B. veraltete Überzeugungen, emotionale Belastungen oder anhaltende Ressentiments.

Zusammenfassend lässt sich sagen, dass die abnehmende Gibbous- bis Neumondphase im Mondzyklus eine kraftvolle und transformative Periode ist, die mit Befreiung und Erneuerung verbunden ist. Betrachtet man die Dinge aus der Perspektive kultureller Bräuche, metaphysischer Praktiken oder psychologischer Prozesse, symbolisiert diese Phase die zyklische Natur des Lebens und lädt den Einzelnen ein, das loszulassen, was ihm nicht mehr dient, und Platz für neues Wachstum zu schaffen. Die absichtliche Befreiung während dieser Periode stimmt mit dem universellen Rhythmus von Schöpfung und Auflösung überein und erleichtert die persönliche und spirituelle Entwicklung. Wenn der Mond in die stille Dunkelheit des Neumondes eintritt, trägt er das Potenzial zur Wiedergeburt in sich und bietet eine leere Leinwand, auf der neue Absichten im kosmischen Tanz des Mondzyklus gesät werden können.

KAPITEL III

Mondschein-Werkzeuge und Altaraufbau

Unverzichtbare Werkzeuge für Mondmagie

Mondmagie, eine mystische Praxis, die in alten Traditionen verwurzelt ist und von zeitgenössischen spirituellen Suchern angenommen wird, stützt sich auf verschiedene wesentliche Werkzeuge, um ihre Potenz zu verstärken und eine tiefere Verbindung mit den Mondenergien zu ermöglichen. Diese Werkzeuge, die von symbolischen Darstellungen bis hin zu rituellen Instrumenten reichen, dienen als Kanäle, um die sich ständig verändernden Energien des Mondes nutzbar zu machen. Bei der Erforschung der wesentlichen Werkzeuge für die Mondmagie befassen wir uns mit der Bedeutung und Verwendung dieser Instrumente, verstehen ihre Rolle in Ritualen, Zauberei und der Kultivierung einer tiefen Beziehung zum himmlischen Gestirn.

Kristalle und Edelsteine gehören zu den am meisten verehrten und unverzichtbaren Werkzeugen der Mondmagie. Jeder Kristall trägt einzigartige energetische Eigenschaften, die ihn zu potenten Verbündeten bei der Ausrichtung auf bestimmte Mondphasen machen. Mondstein, benannt nach seiner starken Verbindung zum Mond, wird dafür gefeiert, dass er seine Intuition und Empfänglichkeit fördert. Dieser ätherische Stein wird oft während der zunehmenden Halbmond- und Vollmondphasen verwendet und verstärkt die Energien des Neubeginns und der Manifestation. Selenit, ein weiterer Kristall, der eng mit dem Mond verbunden ist, wird wegen seiner reinigenden und hochschwingenden Eigenschaften geschätzt. Praktizierende verwenden Selenit, um andere Kristalle zu reinigen und aufzuladen und so ein harmonisches und empfängliches Energiefeld für Mondmagie zu schaffen.

Der Einfluss des Mondes erstreckt sich über den Nachthimmel hinaus und prägt die Ebbe und Flut der Gezeiten. Wasser spielt als symbolische Darstellung der flüssigen Natur des Mondes eine zentrale Rolle in den magischen Ritualen des Mondes. Mondwasser, Wasser, das sich unter dem Licht des Mondes auflädt, gilt als vielseitiges und wirksames Werkzeug. Die Praktizierenden sammeln Mondwasser während bestimmter Mondphasen und nutzen die Energie des Mondes, um dem Wasser seine transformativen Eigenschaften zu verleihen. Mondwasser wird dann für die rituelle Reinigung, die Weihe magischer Werkzeuge und die Salbung während der Zaubersprüche verwendet, um eine heilige Verbindung zwischen dem Praktizierenden und den himmlischen Kräften zu schaffen.

Kerzen sind mit ihren flackernden Flammen und ihrer elementaren Verbindung zum Feuer unverzichtbare Werkzeuge in der Mondmagie. Bei der Kerzenmagie werden Kerzen mit bestimmten Absichten und Energien durchtränkt und mit den Mondphasen in Einklang gebracht. Während des zunehmenden Mondes symbolisieren Kerzen oft das Wachstum von Absichten und Wünschen. Mit seiner Spitzenenergie ist der Vollmond eine Zeit, in der Kerzen den Höhepunkt magischer Wirkungen darstellen. Umgekehrt werden Kerzen während des abnehmenden Mondes zu Instrumenten, um Rituale zu verbannen und unerwünschte Energien freizusetzen. Die Farbe der Kerzen verstärkt ihre magischen Entsprechungen zusätzlich, wobei die Praktizierenden Farbtöne auswählen, die mit ihren Absichten und der Energie der Mondphase übereinstimmen.

Ein Altar, ein heiliger Raum, der der Mondmagie gewidmet ist, ist ein Brennpunkt für Rituale und Zaubersprüche. Die Anordnung der Gegenstände auf dem Altar ist eine persönliche Reflexion der Absichten des Praktizierenden und der Verbindung mit dem Mond. Kristalle, Kerzen,

Mondwasser und andere Werkzeuge werden auf dem Altar platziert und schaffen einen harmonischen und energetisch aufgeladenen Raum. Der Altar ist eine physische Manifestation der Mondenergie und eine symbolische Verbindung zwischen den himmlischen Kräften, die in mondmagischen Ritualen angerufen werden, und der irdischen Ebene.

Kräuter und Pflanzen, die für ihre magischen Eigenschaften und ihre Verbindung zu den Kreisläufen der Natur verehrt werden, sind integrale Werkzeuge in der Mondmagie. Jedes Kraut trägt spezifische Entsprechungen mit den Mondphasen in sich und verleiht den Ritualen Tiefe und Absicht. Beifuß, der mit dem Mond und Träumen in Verbindung gebracht wird, wird oft verwendet, um übersinnliche Fähigkeiten und visionäre Erfahrungen während des zunehmenden Mondes zu verbessern. Mit seinen beruhigenden und reinigenden Eigenschaften findet Lavendel bei Vollmond einen Platz auf Altären für Rituale der Ermächtigung und Manifestation. Wenn der Mond abnimmt, können Kräuter wie Salbei verwendet werden, um Rituale zu reinigen und loszulassen, abgestandene Energie freizusetzen und Platz für neue Absichten zu schaffen.

Mit ihren reflektierenden Oberflächen nehmen Spiegel einen besonderen Platz in der Mondmagie ein, da sie die Energien des Mondes nutzbar machen. Spiegel werden oft beim Wahrnehmen verwendet, einer divinatorischen Praxis, bei der in reflektierende Oberflächen geschaut wird, um Einsichten und Visionen zu erhalten. Während des Vollmonds, wenn man glaubt, dass die Energie des Mondes ihren Höhepunkt erreicht hat, werden Spiegel zu Portalen, um sich mit den intuitiven und psychischen Bereichen zu verbinden. Die reflektierende Oberfläche des Spiegels dient als symbolisches Tor, das es den Praktizierenden ermöglicht, auf tiefere Bewusstseinsebenen zuzugreifen und Führung vom Unsichtbaren zu erhalten.

Tarotkarten und andere Wahrsagewerkzeuge sind in der Mondmagie von Bedeutung, da sie Einsichten und Anleitungen bieten, die auf die Mondenergien abgestimmt sind. Während des zunehmenden Mondes können sich die Praktizierenden an Wahrsagepraktiken beteiligen, um das Entfaltungspotenzial ihrer Absichten zu verdeutlichen. Der Vollmond, eine Zeit erhöhter Intuition, ist besonders verheißungsvoll für die Weissagung, da man glaubt, dass der Schleier zwischen dem sichtbaren und dem unsichtbaren Reich dünner wird. Tarotkarten, Orakeldecks und Runen werden zu Kanälen, durch die Praktizierende Botschaften aus den intuitiven Bereichen erhalten, die dabei helfen, Handlungen mit den Energien des Mondes in Einklang zu bringen.

Inschriften und Symbole, die oft auf Kerzen, Kristalle oder rituelle Werkzeuge geätzt sind, dienen als verschlüsselte Darstellungen von Absichten und Energien in der Mondmagie. Symbole wie die Mondsichel, die für Neuanfänge und Potenzial stehen, treten während der zunehmenden Mondphase in den Vordergrund. Der Vollmond, ein Symbol der Kulmination und Erleuchtung, kann von Symbolen begleitet werden, die Ermächtigung und Manifestation bedeuten. Während des abnehmenden Mondes werden Symbole der Befreiung und Reinigung zu Brennpunkten in Ritualen, die darauf abzielen, unerwünschte Energien abzustoßen. Diese Inschriften erinnern eindringlich an die Absichten des Praktizierenden und stellen eine visuelle Verbindung zwischen den physischen Werkzeugen und den metaphysischen Bereichen her.

Salböle, die mit botanischen Essenzen angereichert und unter dem Licht des Mondes aufgeladen werden, werden in der Mondmagie verwendet, um Absichten zu weihen und zu verstärken. Diese Öle, die oft aus Kräutern und Kristallen hergestellt werden, die bestimmten Mondphasen entsprechen, tragen die energetischen Prägungen des Einflusses des Mondes. Bei Salbungsritualen, die während verschiedener Mondphasen durchgeführt werden, werden Öle, magische Werkzeuge oder Kerzen auf den Körper aufgetragen.

Dieser Akt symbolisiert die Anrufung der Energie des Mondes und die Ausrichtung auf die Absichten des Mondes während der Mondmagie.

Mondphasenkalender, ein praktisches und informatives Werkzeug, helfen Praktizierenden bei der Planung und Ausrichtung ihrer magischen Wirkungsweise auf die spezifischen Energien jeder Mondphase. Diese Kalender skizzieren die Daten und Zeiten des neuen, zunehmenden, vollständigen und abnehmenden Mondes und bieten einen Fahrplan für bewusste Rituale und Zaubersprüche. Mondphasenkalender enthalten auch astrologische Informationen, die es Praktikern ermöglichen, die zusätzlichen Einflüsse von Tierkreiszeichen auf die Mondenergie während bestimmter Phasen zu berücksichtigen. Dieses Werkzeug ist eine wertvolle Ressource für diejenigen, die ihre Verbindung zu den Mondzyklen vertiefen und ihre magischen Wirkungen entsprechend planen möchten.

Zusammenfassend lässt sich sagen, dass die wesentlichen Werkzeuge für die Mondmagie ein vielfältiges und miteinander verbundenes Arsenal bilden, von denen jedes auf einzigartige Weise eine tiefgreifende Verbindung mit den Mondenergien ermöglicht. Von Kristallen und Kerzen bis hin zu Wasser und Spiegeln fungieren diese Werkzeuge als Kanäle und verstärken die Kraft von Ritualen und Zaubersprüchen. Die Auswahl und Verwendung dieser Werkzeuge ist sehr persönlich und ermöglicht es den Praktizierenden, ihre Praktiken so anzupassen, dass sie mit ihren Absichten und den spezifischen Energien jeder Mondphase übereinstimmen. Egal, ob sie sich auf alte Traditionen stützen oder zeitgenössische Adaptionen annehmen, diejenigen, die sich mit Mondmagie beschäftigen, finden einen reichen Teppich von Werkzeugen, die ihre Verbindung mit dem himmlischen Tanz der Mondzyklen verstärken. Während die Praktizierenden diese Werkzeuge erforschen und in ihr magisches Repertoire integrieren, erschließen sie das transformative Potenzial der Mondmagie und richten ihre Absichten auf die sich ständig verändernden Energien des mondbeschienenen Himmels aus.

Einen heiligen Raum schaffen

Einen heiligen Raum zu schaffen ist eine transformative und zutiefst persönliche Praxis, die kulturelle, spirituelle und individuelle Grenzen überwindet. Es ist ein ritualisierter Akt der bewussten Gestaltung und Weihe einer Umgebung, um ein Gefühl von Frieden, Verbundenheit und göttlicher Gegenwart zu vermitteln. Dieser Abschnitt erkundet die facettenreichen Dimensionen der Schaffung eines heiligen Raumes und befasst sich mit der Bedeutung, den Methoden und den verschiedenen kulturellen Ausdrucksformen, die dieses universelle menschliche Unterfangen umfassen.

Die Schaffung eines heiligen Ortes ist eine uralte und kulturübergreifende Praxis, die tief in der menschlichen Psyche verwurzelt ist. Menschen und Gruppen haben im Laufe der Geschichte versucht, Orte für Riten, Zeremonien und Zeiten spiritueller Verbindung zu entwickeln. Das Konzept des heiligen Raums umfasst religiöse Traditionen und umfasst Kirchen, Tempel, Moscheen und Schreine. Auch indigene Kulturen haben ihre heiligen Stätten – Naturlandschaften, Haine oder spezifische geografische Merkmale, die eine tiefe spirituelle Bedeutung haben. Diese Universalität unterstreicht die menschliche Neigung, Räume zu suchen oder zu schaffen, die über das Gewöhnliche hinausgehen und ein Tor zum Transzendenten bieten.

Die Bedeutung eines heiligen Ortes liegt in seiner Fähigkeit, als Heiligtum für die Seele zu dienen. In diesem Zufluchtsort kann man sich dem Lärm und den Erwartungen der Außenwelt entziehen. Ob in einem bestimmten Raum, in einer Ecke, die mit bedeutungsvollen Artefakten geschmückt ist, oder in einer von der Natur umarmten Umgebung im Freien, heilige Räume werden zu Gefäßen für Kontemplation, Gebet, Meditation und spirituelle Verjüngung. Es sind Orte, an denen das Weltliche und das Heilige zusammenkommen und dem Einzelnen eine greifbare Verbindung zum Göttlichen bieten. Sie können es jedoch begreifen.

In vielen spirituellen Traditionen beinhaltet die Schaffung eines heiligen Raumes eine bewusste Reinigung und Weihe. Rituale, Gebete und symbolische Gesten verwandeln gewöhnliche Räume in Bereiche, die mit spiritueller Energie aufgeladen sind. Im Christentum beinhaltet die Weihe einer Kirche die Anrufung des göttlichen Segens, die Salbung mit heiligen Ölen und die Durchführung von Ritualen, um den Raum für heilige Praktiken abzugrenzen. In ähnlicher Weise ist im Hinduismus die Weihe eines Tempels eine akribisch choreografierte Zeremonie mit komplizierten Ritualen und der Infusion göttlicher Energie in das Heiligtum des Tempels. Diese Praktiken unterstreichen den Glauben, dass der physische Raum zu einem Gefäß für das Heilige werden kann, als Brücke zwischen dem materiellen und dem spirituellen Bereich.

Individuen, die sich mit persönlichen oder eklektischen spirituellen Praktiken beschäftigen, begrüßen es auch, einen heiligen Raum in ihrem Zuhause oder ihrer gewählten Umgebung zu schaffen. Der Prozess beinhaltet oft die Auswahl bedeutungsvoller Objekte wie Kerzen, Kristalle, religiöse Ikonen oder persönliche Artefakte, die absichtlich arrangiert wurden. Die Platzierung dieser Elemente ist nicht willkürlich; Stattdessen spiegelt es den einzigartigen spirituellen Weg des Praktizierenden wider und verbindet ihn mit Symbolen und Energien, die mit seinen Überzeugungen und Bestrebungen in Resonanz sind. Die Weihe kann Gebete, Anrufungen oder eine konzentrierte Denkweise beinhalten, die den Raum mit Ehrfurcht erfüllt.

Mit ihrer inhärenten Schönheit und transformativen Kraft dient die Natur vielen Menschen als heiliger Raum. Egal, ob es sich um einen abgelegenen Hain, einen Berggipfel, einen fließenden Fluss oder eine ruhige Wiese handelt, die Natur bietet eine Leinwand, um heilige Räume zu schaffen, die nicht durch Mauern oder künstliche Strukturen gebunden sind. Indigene Kulturen auf der ganzen Welt haben die Heiligkeit von Naturlandschaften seit langem anerkannt und betrachten ihre Tore zum Göttlichen. Der bewusste Akt der Kommunikation mit der

Natur durch Meditation, Zeremonie oder einsame Reflexion kann einen ausgewählten Ort in einen heiligen Raum verwandeln, der eine tiefe Verbindung mit der Erde und dem Kosmos fördert.

Die Methoden, die bei der Schaffung eines heiligen Raumes angewandt werden, sind so vielfältig wie die Kulturen und Glaubenssysteme, die sich mit dieser Praxis beschäftigen. Ein roter Faden ist jedoch der bewusste und achtsame Umgang mit der Gestaltung und Weihe des Raumes. Der Prozess beginnt oft damit, den Raum von Unordnung und disharmonischen Energien zu befreien. Dies kann durch körperliche Reinigung, Räuchern mit heiligen Pflanzen wie Palo Santo oder Salbei oder durch die Verwendung von Klängen wie Glocken oder Klangschalen erreicht werden, um stagnierende Energien zu vertreiben. Die Reinigung symbolisiert die Vorbereitung der Leinwand, um positive und heilige Energien zu durchdringen.

Die Auswahl und Anordnung von bedeutungsvollen Objekten ist entscheidend für die Schaffung eines sakralen Raumes. Zu diesen Objekten, die oft als Altargegenstände bezeichnet werden, können religiöse Symbole, Kerzen, Kristalle, Skulpturen und persönliche Erinnerungsstücke gehören. Das Arrangement richtet sich nach den spirituellen Neigungen des Praktizierenden und der Energie, die er im Raum kultivieren möchte. Zum Beispiel kann ein Meditationsaltar Gegenstände enthalten, die Gelassenheit und Selbstbeobachtung fördern, während ein Altar, der Ritualen gewidmet ist, Werkzeuge enthalten kann, die mit der spezifischen Tradition des Praktizierenden verbunden sind.

Natürliches und künstliches Licht sind entscheidende Elemente, um das Ambiente eines sakralen Ortes zu schaffen. Kerzen mit ihren flackernden Flammen werden häufig verwendet, um Erleuchtung und spirituelle Präsenz darzustellen. Die Farbe und der Duft der Kerzen können auf der Grundlage ihrer Entsprechung mit bestimmten Absichten oder Energien ausgewählt werden. Natürliches Licht, sofern vorhanden, wird oft als glücksverheißend angesehen und genutzt, um die Lebendigkeit des Raumes zu verstärken. Fenster können mit durchsichtigen Stoffen oder Kristallen geschmückt werden, um das Sonnenlicht zu brechen und zu streuen und so eine ruhige und ätherische Atmosphäre zu schaffen.

Die Verwendung von heiliger Geometrie und Mustern trägt zur energetischen Ausrichtung eines heiligen Raumes bei. Mandalas, Labyrinthe oder bestimmte Anordnungen von Objekten können eingebaut werden, um ein Gefühl von Harmonie und Gleichgewicht hervorzurufen. Es wird angenommen, dass diese geometrischen Muster mit universellen Energien und archetypischen Symbolen in Resonanz stehen und dem Praktizierenden als Kanäle dienen, um sich auf höhere Bewusstseinszustände einzustimmen. Der bewusste Einsatz von Geometrie steht im Einklang mit der Überzeugung, dass bestimmte Formen und Muster inhärente Schwingungsfrequenzen tragen, die die spirituelle Atmosphäre eines Raumes verbessern können.

Klanglandschaften, darunter Gesänge, Mantras, Musik oder die beruhigenden Klänge der Natur, tragen zur auditiven Atmosphäre eines heiligen Raums bei. Klang kann bestimmte Emotionen hervorrufen, das Bewusstsein verändern und einen empfänglichen Zustand für spirituelle Praktiken schaffen. Glocken, Klangschalen oder Windspiele werden oft wegen ihrer Fähigkeit eingesetzt, resonante Töne zu erzeugen, die stagnierende Energien klären und den Raum auf höhere Frequenzen abstimmen. Die auditive Komponente eines heiligen Raumes fügt dem Gesamterlebnis eine dynamische Ebene hinzu und bindet mehrere Sinne in die spirituelle Einstimmung ein.

Intuition und persönliche Resonanz leiten die Auswahl der Farben in einem sakralen Raum. Verschiedene Farbtöne tragen einzigartige energetische Qualitäten und Entsprechungen in sich, die die Gesamtatmosphäre des Raumes beeinflussen. Warme Töne wie Rot und Orange können für Vitalität und Leidenschaft verwendet werden, während kühle Töne wie Blau und Grün Ruhe und Heilung hervorrufen. Der kulturelle Hintergrund, die spirituelle

Tradition und die persönlichen Vorlieben des Praktizierenden spielen alle eine Rolle bei der Bestimmung der Farbpalette seines heiligen Raumes. Der bewusste Einsatz von Farben steht im Einklang mit dem Verständnis, dass visuelle Reize die energetische und emotionale Dynamik eines Raums tiefgreifend beeinflussen können.

Heilige Texte, Schriften oder schriftliche Affirmationen werden oft in die Schaffung eines heiligen Raumes einbezogen. Diese schriftlichen Elemente verankern die Absichten des Praktizierenden und bieten eine greifbare Verbindung zu heiligen Lehren oder persönlichen Affirmationen. Ob es sich um eine religiöse Schrift, einen Gedichtband oder handschriftliche Affirmationen handelt, das Vorhandensein von geschriebenen Worten verstärkt die Heiligkeit des Raumes. Es fungiert als Brennpunkt für Meditation und Reflexion.

Der heilige Raum ist nicht statisch, sondern eine dynamische und sich entwickelnde Reflexion der spirituellen Reise des Praktizierenden. Regelmäßige Pflege und Instandhaltung sind wichtig, um sicherzustellen, dass der Bereich energetisch eingestimmt bleibt und spirituelle Praktiken unterstützt. Dies kann regelmäßige Reinigungsrituale beinhalten, die Neuanordnung von Altargegenständen auf der Grundlage sich entwickelnder Absichten oder die Einführung neuer Elemente, die mit dem spirituellen Wachstum des Praktizierenden in Resonanz stehen. Die bewusste Auseinandersetzung mit dem heiligen Raum fördert eine andauernde Beziehung, in der der Raum zu einem lebendigen Ausdruck der inneren Landschaft des Praktizierenden wird.

Zusammenfassend lässt sich sagen, dass die Schaffung eines heiligen Raumes eine tiefgreifende und universelle Praxis ist, die kulturelle, religiöse und individuelle Grenzen überwindet. Es ist ein bewusster und transformativer Akt, der es dem Einzelnen ermöglicht, sich durch etablierte religiöse Traditionen, persönliche spirituelle Praktiken oder die Gemeinschaft mit der Natur mit dem Heiligen zu verbinden. Die Methoden, die bei der Schaffung eines heiligen Raumes angewandt werden, sind vielfältig und spiegeln die einzigartigen Perspektiven und Absichten der Praktizierenden wider. Von der Klärung der Energien bis zur Anordnung bedeutungsvoller Objekte, von der Verwendung von Symbolik bis zur Einbeziehung von Klang und Licht trägt jedes Element zum Gesamtbild eines Raumes bei, der zu Transzendenz, Kontemplation und Verbindung mit dem Göttlichen einlädt. Während der Einzelne diese Praxis weiter erforscht und anpasst, wird die Schaffung heiliger Räume zu einer zeitlosen und sich entwickelnden Reise – ein Zeugnis für die anhaltende menschliche Suche nach dem Heiligen inmitten des Gewöhnlichen.

Altardekor und Symbolik

Altardekoration und Symbolik sind integraler Bestandteil spiritueller und magischer Praktiken in verschiedenen Kulturen und Glaubenssystemen. Ein Altar, ein heiliger Raum, der für rituelle und zeremonielle Aktivitäten bestimmt ist, ist ein Brennpunkt für Praktizierende, um sich mit dem Göttlichen zu verbinden, Absichten zu setzen und sich auf transformative Energien einzulassen. Die Gegenstände, die ausgewählt werden, um einen Altar zu schmücken, werden sorgfältig auf der Grundlage ihrer symbolischen Bedeutung ausgewählt und stimmen mit dem spirituellen Weg, den Absichten und den Energien der spezifischen Rituale des Praktizierenden überein. Dieser Abschnitt erkundet den reichen Teppich des Altarschmucks und der Symbolik und taucht in die Art und Weise ein, wie Individuen bedeutungsvolle und kraftvolle sakrale Räume schaffen.

Im Mittelpunkt des Altarschmucks und der Symbolik steht die Absicht, einen Raum mit spiritueller Energie und Resonanz zu schaffen. Jeder Gegenstand auf dem Altar dient dem Praktizierenden als Kanal, um sich mit bestimmten Energien, Gottheiten oder spirituellen Prinzipien zu verbinden. R werden für ihre einzigartigen energetischen Eigenschaften verehrt; Kristalle finden auf vielen Altären einen prominenten Platz. Von der erdenden

Energie des Hämatits bis hin zu den intuitiven Einsichten des Amethysts werden die Kristalle auf der Grundlage ihrer Entsprechungen mit den Absichten des Praktizierenden und den Mondphasen oder anderen himmlischen Zyklen ausgewählt.

Kerzen mit ihren flackernden Flammen sind in verschiedenen spirituellen Traditionen in der Altardekoration allgegenwärtig. Die Symbolik des Feuers steht für Transformation, Erleuchtung und die heilige Flamme, die das Irdische mit dem Göttlichen verbindet. Die Farbe der Kerzen trägt weiter zur Symbolik bei, wobei jeder Farbton mit bestimmten Absichten und Energien in Resonanz steht. Zum Beispiel kann eine rote Kerze Leidenschaft und Vitalität symbolisieren, während eine blaue Kerze für Ruhe und spirituelle Kommunikation stehen kann.

Statuen und Bilder von Gottheiten oder spirituellen Figuren spielen eine zentrale Rolle in der Altardekoration und verkörpern die göttlichen Qualitäten und archetypischen Energien, die mit diesen Wesen verbunden sind. Im Hinduismus sind auf Altären oft Statuen von Göttern und Göttinnen wie Ganesha für die Beseitigung von Hindernissen oder Lakshmi für Fülle zu sehen. In ähnlicher Weise können Altäre in Wicca-Traditionen Darstellungen des gehörnten Gottes und der dreifachen Göttin enthalten. Diese Figuren sind Brennpunkte für Hingabe, Meditation und die Anrufung bestimmter Qualitäten oder Segnungen.

Heilige Symbole, die von esoterischer Bedeutung durchdrungen sind, finden einen Platz auf Altären als mächtige Werkzeuge für Transformation und Verbindung. Das Pentagramm, ein uraltes Symbol des Schutzes und der Elemente, wird häufig in Wicca und heidnischen Traditionen verwendet. Das Om-Symbol, das mit der Schwingung des Universums in Resonanz ist, wird im Hinduismus und anderen östlichen spirituellen Pfaden verehrt. Diese Symbole fungieren als Tore, die den Praktizierenden mit höheren Bereichen in Einklang bringen und eine visuelle Sprache bieten, um spirituelle Konzepte auszudrücken.

Kräuter und Botanicals, oft getrocknet oder in Bündeln arrangiert, tragen zur Altardekoration bei und bringen die Energien der natürlichen Welt in den heiligen Raum. Salbeibündel, die zum Räuchern und Reinigen verwendet werden, sind in vielen indigenen und zeitgenössischen spirituellen Praktiken weit verbreitet. Lavendel, der mit Heilung und Ruhe in Verbindung gebracht wird, kann seinen Platz auf Altären finden, die der Meditation und Gelassenheit gewidmet sind. Kräuter verbinden den Praktizierenden mit den Energien der Erde und fügen dem Altarraum eine sensorische Dimension hinzu.

Ahnenaltäre zu Ehren verstorbener Angehöriger und Vorfahren sind mit Gegenständen geschmückt, die Verbundenheit und Erinnerung symbolisieren. Fotografien, Erinnerungsstücke und persönliche Gegenstände der Vorfahren dienen als greifbare Verbindungen zur Vergangenheit. Opfergaben wie Essen, Trinken oder symbolische Gegenstände werden auf den Ahnenaltar gelegt, um die Geister der Verstorbenen zu nähren und zu ehren. Die Symbolik in den Altären der Ahnen ist zutiefst persönlich und spiegelt die einzigartigen Beziehungen und das Vermächtnis der familiären Linie des Praktizierenden wider.

Mit ihren unterschiedlichen Energien und ihrer Symbolik beeinflussen die Mondphasen die Altardekoration in Praktiken wie Mondmagie und Hexerei. Während des zunehmenden Mondes, wenn sich Energie aufbaut und Absichten an Dynamik gewinnen, können Altäre Symbole des Wachstums aufweisen, wie z.B. blühende Blumen oder Darstellungen der Mondsichel. Der Vollmond, eine Zeit des Höhepunkts und der Erleuchtung, inspiriert Altäre, die mit Gegenständen geschmückt sind, die Manifestation und höchste Energie symbolisieren. Umgekehrt verlangt der abnehmende Mond nach einer Altardekoration, die auf das Loslassen und Loslassen ausgerichtet ist und Symbole der Vollendung und des Abschlusses enthält.

Astrologische Symbole, die den Positionen der Himmelskörper zu bestimmten Zeiten entsprechen, verleihen der Altardekoration und -symbolik eine Ebene der Komplexität. Praktizierende, die mit Astrologie arbeiten, können Symbole ihres Tierkreiszeichens, Planetensymbole oder andere astrologische Entsprechungen auf ihren Altären anbringen. Diese kosmische Sprache verbessert die Fähigkeit des Praktizierenden, sich auf die energetischen Einflüsse von Himmelskörpern und astrologischen Ereignissen einzustimmen.

Altartücher, die aufgrund ihrer Farbe, Textur und Symbolik ausgewählt wurden, bilden die Grundlage der Altardekoration. Die Farbe des Stoffes stimmt oft mit den Absichten des Praktizierenden und den Energien überein, die er hervorrufen möchte. In vielen Traditionen haben bestimmte Farben symbolische Bedeutungen; Zum Beispiel kann Grün Wohlstand symbolisieren, während Weiß für Reinheit und spirituelle Erleuchtung steht. Die Textur des Stoffes verleiht dem Altar eine taktile Dimension und beeinflusst die gesamte sensorische Erfahrung des sakralen Raumes.

Tarotkarten, Orakeldecks oder Runen können einen Platz auf Altären als Werkzeuge für Wahrsagerei und spirituelle Führung finden. Der Praktizierende kann Karten ziehen oder Runen wirken, um Einsichten, Botschaften oder Klarheit auf seiner spirituellen Reise zu erhalten. Das Anbringen von Wahrsagewerkzeugen auf dem Altar unterstreicht die Hingabe des Praktizierenden, Führung aus höheren Bereichen zu suchen und sich auf intuitive Weisheit auszurichten.

Glocken, Glockenspiele oder andere Klanginstrumente tragen zur Altardekoration bei, indem sie dem sakralen Raum ein auditives Element hinzufügen. Der von diesen Instrumenten erzeugte Klang dient dazu, stagnierende Energien zu klären, Übergänge zwischen rituellen Phasen zu markieren oder spirituelle Wesen anzurufen. Der bewusste Einsatz von Klang verstärkt die

Schwingungsfrequenz des Altars und schafft eine dynamische und resonante Umgebung.

Heilige Texte, Schriften oder Bücher, die eine spirituelle Bedeutung haben, werden oft als Quellen der Weisheit und Inspiration auf Altäre gelegt. Diese Texte können religiöse Schriften, Grimoires, Gedichte oder philosophische Schriften enthalten. Das Vorhandensein heiliger Texte dient als Erinnerung an die spirituellen Prinzipien des Praktizierenden und bietet eine greifbare Verbindung zu den Lehren, die seinen Weg leiten.

Persönliche Gegenstände, die mit sentimentalem oder emotionalem Wert aufgeladen sind, finden einen Platz auf Altären, um den heiligen Raum mit der einzigartigen Energie des Praktizierenden zu erfüllen. Dabei kann es sich um Fotografien, Erbstücke oder symbolische Objekte handeln, die eine persönliche Bedeutung haben. Persönliche Gegenstände verleihen dem Altar eine Ebene der Intimität und schaffen einen Raum, der spirituell aufgeladen und tief mit der Reise des Praktizierenden verbunden ist.

Die Platzierung und Anordnung der Gegenstände auf einem Altar ist nicht willkürlich; Stattdessen lassen sie sich von den Prinzipien der heiligen Geometrie und der energetischen Ausrichtung leiten. Praktizierende ordnen oft Gegenstände an, um Gleichgewicht, Symmetrie und einen harmonischen Energiefluss zu schaffen. Die absichtliche Platzierung von Gegenständen auf dem Altar spiegelt das Verständnis des Praktizierenden für Energiedynamik und seine Fähigkeit wider, den Raum auf höhere Frequenzen abzustimmen.

Zusammenfassend lässt sich sagen, dass Altardekoration und Symbolik einen reichen, komplizierten Teppich in spirituellen und magischen Praktiken bilden. Altäre dienen als Portale zum Göttlichen und ermöglichen es den Praktizierenden, sich mit transformativen Energien zu beschäftigen, Absichten zu setzen und eine tiefere Verbindung mit dem Heiligen zu kultivieren. Die für die Altardekoration ausgewählten Gegenstände sind von symbolischer Bedeutung durchdrungen und repräsentieren archetypische Energien, kulturelle Traditionen und persönliche Absichten. Ob mit Kristallen, Kerzen, Statuen, Symbolen oder persönlichen Gegenständen geschmückt, Altäre werden zu lebendigen Ausdrucksformen der spirituellen Reise des Praktizierenden, die sich entwickeln und mit den sich ständig verändernden Strömungen seiner inneren Landschaft in Resonanz treten. Wenn der Einzelne die Praxis des Altarschmucks und der Symbolik weiter erforscht und anpasst, erschließt er das Potenzial für tiefgreifende spirituelle Erfahrungen und zapft die zeitlose Weisheit an, die kulturelle und individuelle Grenzen überwindet.

KAPITEL IV

Mond-Korrespondenzen

Mond in Tierkreiszeichen

Die Reise des Mondes durch die zwölf Tierkreiszeichen ist ein himmlischer Tanz, der die Ebbe und Flut von Emotionen, Instinkten und inneren Energien beeinflusst. Der Mond, der der Erde am nächsten gelegene Himmelskörper, hat einen tiefgreifenden Einfluss auf die menschliche Psychologie. Es wird gesagt, dass die emotionalen Neigungen, unterbewussten Muster und Reaktionen eines Individuums durch die Position seines Geburtshoroskops im Tierkreis geformt werden. Der Mond symbolisiert das innere Selbst, die sich verändernde Umwelt und die angeborenen Reaktionen, die unser Handeln in der Astrologie steuern. Jedes Tierkreiszeichen durchdringt deutlich den Mond und beeinflusst den emotionalen Hintergrund der Persönlichkeit eines Menschen. Dieser Abschnitt beleuchtet den farbenfrohen Wandteppich, den dieses himmlische Gestirn webt, indem er die subtilen Manifestationen des Mondes in jedem Tierkreiszeichen untersucht.

Der Widder, das erste Tierkreiszeichen, erfüllt den Mond mit feuriger und durchsetzungsfähiger Energie. Ein leidenschaftlicher und impulsiver Umgang mit Emotionen zeichnet Menschen mit dem Mond im Widder aus. Ihre Gefühle sind dynamisch und lebendig und drücken sich oft mit Begeisterung und Spontaneität aus. Der Widder-Mond verleiht dem Menschen ein Gefühl der Unabhängigkeit und den Wunsch nach emotionaler Autonomie. Herausforderungen können jedoch auftreten, wenn Ungeduld oder Impulsivität Vorrang haben, was zu plötzlichen emotionalen Schüben führt. Den Widder-Mond zu pflegen bedeutet, Raum für Selbstdarstellung zu lassen, gesunde Ventile für Leidenschaft zu fördern und ein Gleichgewicht zwischen Unabhängigkeit und Zusammenarbeit zu fördern.

Der Stier, ein von Venus regiertes Erdzeichen, verleiht dem Mond Stabilität, Sinnlichkeit und eine erdende Wirkung. Ein Bedürfnis nach Geborgenheit und Geborgenheit zeichnet Menschen mit dem Mond im Stier oft aus. Stier-Monde finden Trost in Routinen, materiellen Annehmlichkeiten und der Schönheit der Natur. Während ihre emotionale Landschaft im Allgemeinen ruhig ist, können Herausforderungen entstehen, wenn sie sich zu sehr an das Vertraute binden oder sich gegen Veränderungen wehren. Um den Stier-Mond zu pflegen, geht es darum, eine stabile und ästhetisch ansprechende Umgebung zu schaffen, Sinneserfahrungen zu machen und Flexibilität im Angesicht von Veränderungen zu kultivieren.

Zwillinge, ein Luftzeichen, das von Merkur regiert wird, verleiht dem Mond intellektuelle Neugier, Anpassungsfähigkeit und ein Bedürfnis nach geistiger Stimulation. Diejenigen mit dem Mond in den Zwillingen zeichnen sich durch eine quecksilberne emotionale Natur aus, bei der Gefühle durch die Linse des Geistes verarbeitet werden. Kommunikation ist ein entscheidender Aspekt des emotionalen Ausdrucks für Zwillinge-Monde, die Trost darin finden können, ihre Emotionen zu verbalisieren oder sich an verschiedenen sozialen Interaktionen zu beteiligen. Herausforderungen können auftreten, wenn der Geist überwältigt wird, was zu Unruhe oder emotionaler Distanzierung führt. Die Pflege des Zwillinge-Mondes beinhaltet die Förderung intellektueller Bestrebungen, die Förderung einer offenen Kommunikation und die Bereitstellung von Ventilen für geistige Stimulation.

Krebs, das herrschende Zeichen des Mondes, bringt eine tiefe emotionale Tiefe und nährende Qualität in die Mondlandschaft. Menschen mit dem Mond im Krebs sind sehr gut auf ihre Emotionen eingestellt und besitzen einen starken Instinkt für Fürsorge. Familie und Zuhause spielen eine zentrale Rolle bei ihrer emotionalen Erfüllung, und es besteht eine natürliche Neigung, ein sicheres und nährendes Umfeld zu schaffen. Während der Krebsmond einfühlsam und mitfühlend ist, können Herausforderungen auftreten, wenn die emotionale Sensibilität überwältigend wird oder wenn es Widerstand gegen Veränderungen gibt. Den Krebsmond zu pflegen bedeutet, emotionale Bedürfnisse zu respektieren, ein unterstützendes häusliches Umfeld zu schaffen und gesunde Grenzen zu entwickeln.

Der Löwe, das von der Sonne beherrschte Feuerzeichen, verstärkt die Kraft des Mondes mit einem Schuss Dramatik, Originalität und Selbstdarstellung. Menschen mit dem Mond im Löwen zeichnen sich durch ein Bedürfnis nach Anerkennung, Bewunderung und der Freiheit aus, ihr authentisches Selbst auszudrücken. Emotionen werden mit theatralischem Flair erlebt und es besteht der Wunsch, gesehen und geschätzt zu werden. Herausforderungen können entstehen, wenn das Bedürfnis nach Bestätigung übermäßig wird oder Stolz die Verletzlichkeit beeinträchtigt. Den Löwe-Mond zu pflegen bedeutet, die Individualität zu feiern, den kreativen Ausdruck zu fördern und ein Selbstwertgefühl zu fördern, das unabhängig von äußerer Bestätigung ist.

Die Jungfrau, ein von Merkur regiertes Erdzeichen, verleiht dem Mond praktische Fähigkeiten, analytische Fähigkeiten und einen Hang zur Organisation. Menschen mit dem Mond in der Jungfrau zeichnen sich durch ein Bedürfnis nach Ordnung, Effizienz und den Wunsch zu dienen aus. Emotionen werden durch eine Linse des Urteilsvermögens verarbeitet, und es gibt einen praktischen Ansatz für die Pflege und Fürsorge. Herausforderungen können entstehen, wenn das Streben nach Perfektion zu einer Quelle von Angst oder übermäßigem Nachdenken wird. Die Pflege des Jungfrau-Mondes beinhaltet die Schaffung einer organisierten und harmonischen Umgebung, praktische Selbstfürsorge und die Kultivierung von Selbstmitgefühl.

Waage, ein Luftzeichen, das von Venus regiert wird, verleiht dem Mond ein Gefühl von Harmonie, Diplomatie und der Sehnsucht nach einer Verbindung zum Einfluss des Mondes. Ein Bedürfnis nach Ausgeglichenheit, Schönheit und harmonischen Beziehungen kennzeichnet diejenigen mit dem Mond in der Waage. Es werden oft Emotionen über andere erlebt, und es besteht der Wunsch nach Fairness und Kooperation. Herausforderungen können entstehen, wenn das Streben nach Harmonie zur Vermeidung von Konflikten führt oder wenn die Tendenz besteht, die Bedürfnisse anderer über die eigenen zu stellen. Die Pflege des Waage-Mondes beinhaltet die Kultivierung des Gleichgewichts in Beziehungen, die Schaffung ästhetisch ansprechender Umgebungen und die Entwicklung von Durchsetzungsvermögen.

Der Skorpion, ein Wasserzeichen, das von Pluto regiert wird, verleiht dem Einfluss des Mondes Intensität, Tiefe und transformative Qualitäten. Eine tiefe emotionale Tiefe, der Wunsch nach Authentizität und ein angeborenes Verständnis für die verborgenen Bereiche der Emotionen zeichnen Menschen mit dem Mond im Skorpion aus. Emotionen werden intensiv erlebt, und es besteht ein Bedürfnis nach tiefer Verbindung und Intimität. Herausforderungen können entstehen, wenn emotionale Intensität zu Machtkämpfen oder Widerstand gegen Verletzlichkeit führt. Den Skorpion-Mond zu pflegen bedeutet, emotionale Authentizität anzunehmen, tiefe Verbindungen zu fördern und sich auf transformative Praktiken einzulassen.

Der Schütze, ein Feuerzeichen, das von Jupiter regiert wird, verleiht dem Mond abenteuerliche, optimistische und expansive Eigenschaften. Ein Bedürfnis nach Freiheit, Erkundung und einer philosophischen Herangehensweise an Emotionen zeichnet diejenigen mit dem Mond im Schützen aus. Emotionen werden mit Begeisterung erlebt, und es besteht der Wunsch nach Wachstum und Expansion. Herausforderungen können entstehen, wenn Unruhe die emotionale Tiefe beeinträchtigt oder wenn die Tendenz besteht, emotionale Intimität zu vermeiden. Den Schütze-Mond zu pflegen bedeutet, die Erkundung zu fördern, einen Sinn für Humor anzunehmen und eine Verbindung zu höheren Wahrheiten zu fördern.

Der Steinbock, ein Erdzeichen, das von Saturn regiert wird, fügt dem Einfluss des Mondes ein Gefühl von Disziplin, Verantwortung und Ehrgeiz hinzu. Menschen mit dem Mond im Steinbock zeichnen sich durch ein Bedürfnis nach Struktur, Leistung und den Wunsch aus, Emotionen zu beherrschen. Emotionen werden oft mit einem Sinn für Praktikabilität angegangen, und es besteht eine natürliche Neigung, Verantwortung zu übernehmen. Herausforderungen können entstehen, wenn das Streben nach Erfolg zu einer Quelle emotionaler Distanzierung wird oder wenn Angst vor Verletzlichkeit besteht. Den Steinbock-Mond zu pflegen bedeutet, erreichbare Ziele zu setzen, gesunde Grenzen zu setzen und Arbeit und emotionales Wohlbefinden in Einklang zu bringen.

Der Wassermann, ein Luftzeichen, das von Uranus regiert wird, verleiht dem Mond Innovation, Unabhängigkeit und den Wunsch nach kollektivem Fortschritt. Ein Bedürfnis nach Individualität, intellektueller Anregung und einem Sinn für soziale Ziele charakterisiert diejenigen mit dem Mond im Wassermann. Emotionen werden oft mit einer distanzierten und objektiven Perspektive erlebt, und es besteht der Wunsch, zum Gemeinwohl beizutragen. Herausforderungen können entstehen, wenn emotionale Distanzierung persönliche Beziehungen beeinträchtigt oder wenn es Widerstand gegen Verletzlichkeit gibt. Den Wassermann-Mond zu pflegen bedeutet, die Einzigartigkeit anzunehmen, die Gemeinschaft zu fördern und sich an fortschrittlichen und humanitären Bestrebungen zu beteiligen.

Eine tiefe emotionale Sensibilität, eine reiche innere Welt und ein Verlangen nach Transzendenz zeichnen Menschen mit dem Mond in den Fischen aus. Emotionen werden mit Empathie und einer fließenden, fantasievollen Qualität erlebt. Herausforderungen können entstehen, wenn emotionale Grenzen verschwimmen oder wenn die Tendenz besteht, sich in die Fantasie zu flüchten. Den Fische-Mond zu pflegen bedeutet, Kreativität zu kultivieren, intuitive Einsichten anzunehmen und einen heiligen Raum für emotionalen Ausdruck zu schaffen.

Zusammenfassend lässt sich sagen, dass die Reise des Mondes durch die Tierkreiszeichen einen Teppich aus emotionalen Nuancen webt und die innere Landschaft des Einzelnen mit seinem himmlischen Einfluss färbt. Jede Platzierung bietet eine einzigartige Mischung aus Qualitäten, Instinkten und Tendenzen, die die Art und Weise prägen, wie Emotionen erlebt und ausgedrückt werden. Das Verständnis der Position des Mondes im Geburtshoroskop gibt wertvolle Einblicke in die eigenen emotionalen Bedürfnisse und Reaktionen und wie das innere Selbst Erfüllung und Verbindung mit dem umfassenderen kosmischen Tanz sucht. Wenn Menschen die Tiefe und den Reichtum ihres Mondzeichens erkunden, entdecken sie einen tiefgründigen Aspekt ihrer astrologischen Identität und öffnen die Tür zu einem tieferen Verständnis des Selbst und der emotionalen Strömungen, die ihre Reise durch das Leben prägen.

Mond in astrologischen Häusern

Die Platzierung des Mondes in den astrologischen Häusern ist entscheidend für das Verständnis des nuancierten Zusammenspiels zwischen Emotionen, Instinkten und den verschiedenen Lebensbereichen. Als eine der einflussreichsten Koryphäen der Astrologie symbolisiert der Mond unser inneres Selbst, emotionale Reaktionen und unbewusste Muster, die unsere Erfahrungen prägen. Die zwölf astrologischen Häuser repräsentieren unterschiedliche Facetten des Lebens, die jeweils bestimmte Bereiche wie Beziehungen, Karriere, Zuhause und persönliche Identität beeinflussen. Wenn sich der Mond zum Zeitpunkt der Geburt in einem bestimmten Haus befindet, färbt er die emotionale Landschaft. Es prägt die Herangehensweise des Einzelnen an die Themen, die mit diesem Haus verbunden sind. Dieser Abschnitt untersucht die verschiedenen Ausdrucksformen des Mondes in jedem astrologischen Haus und beleuchtet, wie sich Mondeinflüsse im Kontext verschiedener Lebensbereiche manifestieren.

Der Mond im ersten Haus, der oft mit dem Selbst und der Identität in Verbindung gebracht wird, verleiht dem Einzelnen eine starke emotionale Präsenz. Diese Menschen sind tief auf ihre innere Welt eingestellt, und Emotionen sind in ihrem Verhalten leicht sichtbar. Der erste Hausmond deutet auf eine Person hin, die instinktiv auf die Umwelt reagiert und ein ausgeprägtes Selbstbewusstsein besitzt. Diese Platzierung kann die emotionale Ausdrucksfähigkeit verbessern und diese Personen offen und zugänglich machen. Herausforderungen können jedoch auftreten, wenn die Tendenz besteht, übermäßig reaktiv zu sein, oder wenn emotionale Schwankungen das Selbstgefühl beeinträchtigen. Den Mond im ersten Haus zu pflegen bedeutet, ein gesundes Selbstbild zu kultivieren, emotionale Authentizität anzunehmen und einen ausgewogenen Ansatz zum Selbstausdruck zu entwickeln.

Wenn der Mond das zweite Haus ziert, das mit Werten, Ressourcen und Selbstwert assoziiert wird, ist emotionale Erfüllung oft mit materieller Sicherheit verbunden. Personen mit dem Mond im zweiten Haus können Trost und emotionale Stabilität in einem sicheren und stabilen finanziellen Umfeld finden. Es gibt eine tiefe Verbindung zwischen Emotionen und der materiellen Welt; Diese Personen können aus ihren Besitztümern ein Gefühl des Selbstwertgefühls ableiten. Herausforderungen können entstehen, wenn die irdische Sicherheit als Quelle des emotionalen Wohlbefindens oder die Angst vor finanzieller Instabilität überbetont wird. Den Mond im zweiten Haus zu pflegen bedeutet, emotionale Erfüllung durch eine ausgewogene Herangehensweise an materielle und emotionale Bedürfnisse zu finden, Selbstwert unabhängig von Besitztümern zu kultivieren und eine gesunde Beziehung zu Geld zu entwickeln.

Der Mond im dritten Haus, der mit Kommunikation, Lernen und Geschwistern in Verbindung gebracht wird, deutet auf eine starke emotionale Verbindung zu Ideen und Informationen hin. Diese Personen haben möglicherweise ein tiefes Bedürfnis nach intellektueller Stimulation und emotionaler Erfüllung durch

Kommunikation. Es gibt eine natürliche Neugier und Empfänglichkeit für neue Ideen, und Emotionen können durch mündliche oder schriftliche Mittel ausgedrückt werden. Herausforderungen können entstehen, wenn die Tendenz besteht, übermäßig analytisch zu werden, oder wenn Emotionen zugunsten von Rationalität unterdrückt werden. Den Mond im dritten Haus zu pflegen beinhaltet die Förderung einer offenen und ehrlichen Kommunikation, kontinuierliches Lernen und die Suche nach emotionaler Erfüllung durch intellektuelle Bestrebungen.

Emotionen finden ihren tiefsten Ausdruck im vierten

Haus, der natürlichen Heimat des Mondes im astrologischen Horoskop. Diese Platzierung ist mit den Wurzeln, dem Zuhause, der Familie und dem fürsorglichen Umfeld verbunden. Menschen mit dem Mond im vierten Haus sind tief mit ihrem familiären und angestammten Erbe verbunden, und emotionale Erfüllung wird oft durch ein Gefühl der Zugehörigkeit und Sicherheit zu Hause gesucht. Es besteht ein starker Wunsch nach einem stabilen und fürsorglichen Familienleben, und diese Menschen können Trost darin finden, ein harmonisches häusliches Umfeld zu schaffen. Herausforderungen können entstehen, wenn Widerstand gegen Veränderungen oder emotionale Sicherheit an die Vergangenheit gebunden sind. Den Mond im vierten Haus zu pflegen bedeutet, ein unterstützendes häusliches Umfeld zu schaffen, sich mit den familiären Wurzeln zu verbinden und emotionale Verletzlichkeit anzunehmen.

Wenn der Mond das fünfte Haus ziert, das mit Kreativität,

Selbstausdruck und Romantik assoziiert wird, finden Emotionen ein Ventil durch kreative Beschäftigungen und persönliche Leidenschaften. Eine lebendige und ausdrucksstarke emotionale Natur zeichnet Menschen mit dem Mond im fünften Haus aus. Es besteht der Wunsch nach spielerischem Selbstausdruck, und Emotionen können in künstlerische Unternehmungen oder romantische Beziehungen kanalisiert werden. Diese Menschen können emotionale Erfüllung durch Aktivitäten suchen, die Freude und Selbstausdruck bringen.

Herausforderungen entstehen, wenn die Tendenz besteht, Bestätigung durch externe Quellen zu suchen, oder wenn Emotionen übermäßig dramatisch werden. Den Mond im fünften Haus zu pflegen bedeutet, kreative Ventile zu nutzen, ein Gefühl der Verspieltheit zu fördern und emotionale Erfüllung durch Selbstausdruck zu finden.

Im sechsten Haus, das mit Arbeit, Gesundheit und täglichen Routinen verbunden ist, beeinflusst der Mond das emotionale Wohlbefinden durch Dienst und praktische Aktivitäten. Menschen, bei denen der Mond im sechsten Haus steht, können emotionale Erfüllung in einer strukturierten und organisierten Herangehensweise an das tägliche Leben finden. Eine nährende Qualität drückt sich durch Taten des Dienens und den Wunsch nach einem gesunden und harmonischen Arbeitsumfeld aus. Herausforderungen können entstehen, wenn man sich zu sehr auf Perfektionismus konzentriert oder Emotionen zugunsten von Routineaufgaben unterdrückt werden. Den Mond im sechsten Haus zu pflegen bedeutet, einen ausgewogenen und gesunden Tagesablauf zu pflegen, emotionale Befriedigung durch Taten des Dienens zu finden und emotionale Bedürfnisse in Arbeit und Gesundheit anzusprechen.

Wenn der Mond das siebte Haus besetzt, das mit Partnerschaften, Beziehungen und Eins-zu-Eins-Verbindungen verbunden ist, sind Emotionen eng mit zwischenmenschlichen Dynamiken verbunden. Menschen mit dem Mond im siebten Haus suchen emotionale Erfüllung durch enge Beziehungen und Partnerschaften. Es besteht ein starker Wunsch nach Harmonie, emotionaler Verbindung und gegenseitigem Verständnis in Beziehungen. Herausforderungen können entstehen, wenn die Angst vor emotionaler Verletzlichkeit oder Abhängigkeit von anderen für die emotionale Erfüllung übermäßig wird. Den Mond im siebten Haus zu pflegen beinhaltet die Förderung gesunder und ausgeglichener Beziehungen, die Entwicklung emotionaler Authentizität in Partnerschaften und das Erkennen der gegenseitigen Abhängigkeit von Emotionen im Kontext von Beziehungen.

Im achten Haus, das mit Transformation, gemeinsamen Ressourcen und intimen Verbindungen verbunden ist, taucht der Mond in die Tiefen der emotionalen Intensität ein. Menschen, bei denen der Mond im achten Haus steht, können tiefgreifende und komplexe Emotionen erleben. Es gibt eine natürliche Neigung zur emotionalen Transformation und den Wunsch nach intensiven und intimen Verbindungen. Emotionale Erfüllung kann durch gemeinsame Erfahrungen und ein tiefes Verständnis der Geheimnisse des Lebens gesucht werden. Herausforderungen können entstehen, wenn die Angst vor Verletzlichkeit oder emotionaler Intensität zu Machtkämpfen führt. Den Mond im achten Haus zu pflegen bedeutet, emotionale Tiefe anzunehmen, Intimität in Beziehungen zu kultivieren und die transformativen Aspekte von Emotionen zu bewältigen.

Der Mond im neunten Haus, der mit höherer Bildung, Philosophie und Reisen in Verbindung gebracht wird, deutet auf eine Verbindung zwischen Emotionen und der Suche nach Wissen und Verständnis hin. Menschen mit dem Mond im neunten Haus können emotionale Erfüllung durch Erkundung, Lernen und eine erweiterte Perspektive finden. Es gibt ein Verlangen nach Sinn und Zweck, und Emotionen können durch philosophische oder spirituelle Bestrebungen ausgedrückt werden. Herausforderungen können entstehen, wenn man emotionale Tiefe zugunsten intellektueller Bestrebungen oder Widerstand gegen die Erforschung neuer Perspektiven vermeidet. Den Mond im neunten Haus zu pflegen bedeutet, Emotionen mit dem Streben nach höherem Wissen zu verbinden, verschiedene Glaubenssysteme anzunehmen und emotionale Erfüllung durch weitreichende Erfahrungen zu finden.

Wenn der Mond das zehnte Haus ziert, das mit Karriere, öffentlichem Leben und Erfolgen in Verbindung gebracht wird, sind Emotionen eng mit der beruflichen Identität und dem öffentlichen Image verbunden. Menschen mit dem Mond im zehnten Haus können emotionale Erfüllung durch beruflichen Erfolg, öffentliche Anerkennung und ein Gefühl der Erfüllung finden. Es gibt ein Verlangen nach emotionaler Sicherheit in der Öffentlichkeit, und die fürsorglichen Qualitäten können durch eine berufliche Rolle ausgedrückt werden. Herausforderungen können entstehen, wenn die externe Bestätigung überbetont wird oder Emotionen bei der Verfolgung von Karrierezielen unterdrückt werden. Den Mond im zehnten Haus zu pflegen bedeutet, berufliche Bemühungen mit emotionaler Erfüllung in Einklang zu bringen, öffentliches und privates Leben in Einklang zu bringen und den Einfluss von Emotionen auf Karrierewünsche zu erkennen.

Im elften Haus, das mit der Gemeinschaft, sozialen Verbindungen und Bestrebungen verbunden ist, beeinflusst der Mond die Emotionen durch das Gefühl der Zugehörigkeit zu einem größeren Kollektiv. Menschen mit dem Mond im elften Haus können emotionale Erfüllung durch soziale Verbindungen, Gruppenaktivitäten und gemeinsame Ideale finden. Es besteht der Wunsch nach einem Gemeinschaftsgefühl und emotionaler Unterstützung durch Gleichgesinnte. Herausforderungen können entstehen, wenn in Gruppen Angst vor emotionaler Verletzlichkeit besteht oder emotionale Bedürfnisse bei der Verfolgung kollektiver Ziele vernachlässigt werden. Den Mond im elften Haus zu pflegen bedeutet, ein Gemeinschaftsgefühl zu fördern, gemeinsame Bestrebungen zu begrüßen und die Bedeutung emotionaler Verbindungen innerhalb sozialer Kreise zu erkennen.

Wenn der Mond das zwölfte Haus besetzt, das mit dem Unterbewusstsein, der Spiritualität und dem kollektiven Unbewussten verbunden ist, finden Emotionen ihren Ausdruck in den verborgenen Bereichen der Psyche. Menschen mit dem Mond im zwölften Haus können tiefe spirituelle und unterbewusste Emotionen erleben. Der Wunsch nach emotionaler Transzendenz drückt sich durch spirituelle Praktiken, Träume oder eine Verbindung zum kollektiven Unbewussten aus. Herausforderungen können entstehen, wenn man Emotionen unterdrückt oder emotionale Erfahrungen überwältigend werden. Den Mond im zwölften Haus zu pflegen bedeutet, die Tiefen des Unterbewusstseins zu erforschen, sich mit spirituellen

Praktiken zu beschäftigen und emotionale Befreiung durch kreative und reflektierende Ventile zu finden.

Zusammenfassend lässt sich sagen, dass die Platzierung des Mondes in den astrologischen Häusern dem Verständnis emotionaler Einflüsse in verschiedenen Lebensbereichen Tiefe und Komplexität verleiht. Jedes Haus repräsentiert einen bestimmten Lebensbereich, und die Position des Mondes prägt die dynamische Landschaft innerhalb dieser Bereiche. Das Verständnis des Zusammenspiels zwischen dem Mond und den astrologischen Häusern bietet wertvolle Einblicke in die Art und Weise, wie Menschen emotionale Erfüllung suchen, Herausforderungen meistern und ihr innerstes Selbst innerhalb des vielfältigen Teppichs der Lebenserfahrungen ausdrücken. Wenn Menschen die Nuancen der Platzierung ihres Mondes erforschen, entdecken sie einen tiefgründigen Aspekt ihrer astrologischen Identität und öffnen die Tür zu einem tieferen Verständnis des Selbst und der emotionalen Ströme, die ihre Reise durch die Feinheiten der Existenz prägen.

Ausrichten von Zaubern an Mondphasen

Das Ausrichten von Zaubersprüchen an die Mondphasen ist eine tiefgreifende und altehrwürdige Praxis, die die zyklischen Energien des Mondes anzapft und seinen Einfluss nutzt, um die Potenz magischer Wirkungen zu verbessern. Der Mond hat mit seinen ständig wechselnden Phasen seit Jahrtausenden die Aufmerksamkeit der Menschen auf sich gezogen und fungiert als himmlischer Führer für verschiedene mystische und spirituelle Bestrebungen. Der Mond wird als mächtiger Verbündeter in der Zauberkunst angesehen, und die Praktizierenden legen ihre Rituale häufig so fest, dass sie mit bestimmten Mondphasen zusammenfallen, um ihre Magie mit den inhärenten Zyklen des Universums zu synchronisieren.

Der Mondzyklus besteht aus acht verschiedenen Phasen, von denen jede einzigartige energetische Qualitäten und symbolische Bedeutung besitzt. Der Neumond markiert den Beginn des Zyklus und stellt eine Zeit des Neubeginns, der Absichtssetzung und des Pflanzens von Samen für zukünftiges Wachstum dar. Wenn der Mond zunimmt und sich von der zunehmenden Sichel zum Ersten Viertel bewegt, intensiviert sich die Energie und unterstützt die Manifestation, Entwicklung und die Verstärkung von Absichten. Diese Phase ist ideal für Zauber, bei denen es darum geht, Pläne zu erstellen, anzuziehen und festzulegen.

Der Vollmond, der in der Mitte des Mondzyklus stattfindet, ist entscheidend für den Höhepunkt und den Höhepunkt magischer Operationen. Es symbolisiert Fülle, Erleuchtung und die Erfüllung von Wünschen. Zaubersprüche, die während des Vollmonds gewirkt werden, konzentrieren sich oft auf die Manifestation, erhöhte Intuition und die Nutzung der maximalen Mondenergie. Nach dem Vollmond markieren die abnehmenden Phasen – abnehmender Gibbous, drittes Viertel und abnehmender Halbmond – eine Periode der Befreiung, des Nachdenkens und der Verbannung. Diese Phasen sind förderlich für Zaubersprüche, die darauf abzielen, loszulassen, unerwünschte Energien abzuwerfen und Hindernisse zu beseitigen.

Eines der wichtigsten Prinzipien bei der Ausrichtung von Zaubersprüchen auf die Mondphasen ist es, den Einfluss des Mondes auf die Ebbe und Flut der Energie zu erkennen. Die Anziehungskraft des Mondes beeinflusst die Gezeiten der Erde, und so wie sie die riesigen Ozeane beeinflusst, wird angenommen, dass sie die feinstofflichen Energien beeinflusst, die durch alle Lebewesen fließen. Praktizierende der Mondmagie machen sich diese Anziehungskraft zunutze, indem sie ihre Absichten mit der entsprechenden Energie jeder Mondphase synchronisieren, um die Wirksamkeit ihrer Zauber zu verstärken.

Die Energie ist günstig für Neuanfänge und Neubeginn beginnt während des Neumonds, wenn der Mond in Konjunktion mit der Sonne steht und von der Erde aus nicht gesehen werden kann. In dieser Phase werden Zaubersprüche häufig verwendet, um Unternehmungen zu starten, Samen der Absicht zu säen und die Grundlage für die Entwicklung zu schaffen. Die Schwärze des Neumondes repräsentiert die Leere, die fruchtbar ist und Möglichkeiten entstehen lässt. Um ihre Energien mit der Möglichkeit neuer Manifestationen in Einklang zu bringen, können die Praktizierenden an Ritualen wie Visualisierung, Meditation oder Kerzenmagie teilnehmen.

Wenn wir in die Phase der zunehmenden Sichel übergehen, wird der erste Splitter des Mondes sichtbar, der das Auftauchen der Absicht in den materiellen Bereich symbolisiert. Diese Phase ist ideal für Perioden, die sich auf Wachstum, Expansion und das Anziehen positiver Einflüsse konzentrieren. Zaubersprüche können Visualisierungstechniken, das Aufladen von Kristallen oder Talismanen und das Herstellen von Affirmationen beinhalten, um die während des Neumonds gesetzten Absichten zu unterstützen. Die Energie intensiviert sich, wenn sich der Mond dem ersten Viertel nähert, was die Absichten vorantreibt und hilft, Schwung aufzubauen.

Das erste Quartal, auf halbem Weg zwischen Neumond und Vollmond, ist eine Zeit des Handelns und der Überwindung von Hindernissen. Die Energie ist dynamisch und Zauber in dieser Phase sind oft darauf ausgerichtet, Barrieren zu beseitigen, Entscheidungen zu treffen und entscheidende Schritte in Richtung Ziele zu unternehmen. Rituale können die Verwendung von Entsprechungen wie Kräutern, Farben und Symbolen beinhalten, die mit den Absichten des Praktizierenden und den Qualitäten, die mit dem Mond des Ersten Viertels verbunden sind, wie Mut und Entschlossenheit, übereinstimmen.

Der Vollmond, der auf dem Höhepunkt des Mondzyklus steht, taucht die Welt in sein leuchtendes Licht. Diese Phase ist ein Dreh- und Angelpunkt für die Zauberei und bietet einen mächtigen Energieschub für Manifestation, Wahrsagerei und erhöhte Intuition. Zaubersprüche, die während des Vollmonds gewirkt werden, können Rituale für Fülle, Liebe und spirituelle Einsicht beinhalten. Die strahlende Energie des Vollmondes wird durch das Aufladen von Kristallen und die Weihe von Werkzeugen genutzt, und die Zeremonien werden unter seinem ätherischen Licht durchgeführt.

Wenn der Mond in die abnehmende Gibbous-Phase übergeht, beginnt er zu schwinden, was eine Zeit des Nachdenkens, der Bewertung und des Loslassens signalisiert. Diese Phase eignet sich für Zaubersprüche, die darauf abzielen, Negativität zu verbannen, ungesunde Gewohnheiten zu brechen und loszulassen, was nicht mehr dient. Praktizierende können sich an Ritualen beteiligen, die Reinigung, Reinigung und Freisetzung von Energie beinhalten, so dass der abnehmende Mond den Prozess des Abstoßens unerwünschter Einflüsse unterstützen kann.

Das dritte Quartal, das die Reise des Mondes in das letzte Viertel vor dem Neumond markiert, bedeutet eine Zeit der Auflösung und des Abschlusses. Zauber in dieser Phase können sich darauf konzentrieren, Projekte abzuschließen, Konflikte zu lösen und lose Enden zu verbinden. Die Energie schwindet immer noch, unterstützt den Release-Prozess und schafft Raum für neue Absichten. Rituale können symbolische Abschlusshandlungen beinhalten, wie z. B. das Verbrennen schriftlicher Mitteilungen oder meditative Praktiken, um ein Gefühl der Auflösung zu vermitteln.

Diese Phase ist eine kraftvolle Zeit für tiefe Selbstbeobachtung, spirituelle Reinigung und Vorbereitung auf den bevorstehenden Neumond. Zauber während dieser Phase können Wahrsagerei, Traumarbeit und die Verbindung mit dem Unterbewusstsein beinhalten. Praktizierende können Rituale durchführen, die innere Heilung, Intuitionsentwicklung und spirituelle Führung fördern.

Die Ausrichtung von Zaubern auf die Mondphasen erfordert ein Verständnis der spezifischen Energien, die mit jeder Phase verbunden sind, und eine bewusste Abstimmung der magischen Wirkungsweise auf diese Energien. Die Wachstumsphasen zeichnen sich durch den Aufbau und die Verstärkung von Energie aus, wodurch sie sich für Wachstums-, Anziehungs- und Manifestationszauber eignen. Umgekehrt werden die abnehmenden Phasen mit dem Loslassen, Verbannen und Klären von Energien in Verbindung gebracht, was sie zu Zaubern macht, die darauf abzielen, loszulassen, Gewohnheiten zu brechen und Hindernisse zu beseitigen.

Praktizierende verwenden oft Entsprechungen wie Farben, Kräuter, Kristalle und Symbole, um ihre Absichten mit der Energie des Mondes in Einklang zu bringen. Zum Beispiel kann Grün für Zauber gewählt werden, die mit Wachstum und Fülle zu tun haben, während Schwarz für Verbannungs- und Freigaberituale gewählt werden kann. Kristalle wie Mondstein, klarer Quarz oder Obsidian können eingearbeitet werden, um die energetische Resonanz des Zaubers zu verstärken. Diese Korrespondenzen dienen als symbolische Werkzeuge, die die Verbindung des Praktizierenden zu den spezifischen Qualitäten jeder Mondphase verstärken.

Die Mondmagie betont auch die Bedeutung von Ritualen und Zeremonien in der Zauberei. Die Praktizierenden können ausgeklügelte Rituale oder einfache Zeremonien kreieren, je nachdem, welche Intensität und Konzentration für ihre Absichten erforderlich sind. Rituale können Meditation, Visualisierung, Kerzenmagie und die Verwendung magischer Werkzeuge umfassen, um die Energie und Symbolik des Zaubers zu verstärken. Die Einbeziehung der Sinne, wie z. B. die Einbeziehung von Aromen, Klängen und taktilen Erfahrungen, verleiht dem Ritual Tiefe und verbessert die Verbindung des Praktizierenden zu den Mondenergien.

Der Einfluss des Mondes auf das Wasser ist ein wichtiger Aspekt der Mondmagie, und viele Praktizierende beziehen Wasser in ihre Zauberei ein. Es wird angenommen, dass Wasser ein Kanal für Mondenergie ist, und Zaubersprüche, die Weihe, Reinigung und Manifestation beinhalten, beinhalten oft die Verwendung von Mondwasser. Dies kann bedeuten, Wasser unter das Mondlicht zu stellen, um seine Energien zu absorbieren, Mondwasser zu erzeugen und es als heiliges Werkzeug zum Zaubern zu verwenden.

Astrologische Überlegungen spielen auch eine Rolle, wenn es darum geht, Zaubersprüche mit den Mondphasen in Einklang zu bringen. Der Mond bewegt sich etwa alle zwei bis drei Tage durch jedes Tierkreiszeichen und verleiht den Mondenergien die Qualitäten, die mit jedem Zeichen verbunden sind. Praktizierende können bestimmte Zeiten während des Mondzyklus wählen, zu denen sich der Mond in einem bestimmten Tierkreiszeichen befindet, um die Resonanz ihrer Zauber zu verstärken. Zum Beispiel kann das Wirken eines Liebeszaubers während eines Vollmonds in der Waage, die von Venus regiert wird, die Energien verstärken, die mit Liebe, Harmonie und Partnerschaft verbunden sind.

Zusammenfassend lässt sich sagen, dass das Ausrichten von Zaubersprüchen an die Mondphasen eine zutiefst symbolische und praktische Praxis ist, die die Absichten des Praktizierenden mit den zyklischen Energien des Mondes in Einklang bringt. Die acht Mondzyklusphasen bieten einen Fahrplan für die Zauberei, der die Praktizierenden durch das Setzen von Absichten, das Manifestieren von Wünschen, das Lösen von Hindernissen und den Höhepunkt in einem Erneuerungszyklus führt. Indem sie die energetischen Qualitäten jeder Mondphase verstehen, Entsprechungen einbeziehen und sich auf rituelle Praktiken einlassen, zapfen die Praktizierenden der Mondmagie die Urkräfte des Kosmos an und verweben ihre Absichten mit dem komplizierten Tanz des mondbeschienenen Himmels.

Egal, ob du mit der zunehmenden Sichel, dem Vollmond oder der abnehmenden Sichel arbeitest, die Ausrichtung von Zaubersprüchen auf die Mondphasen bietet eine tiefe Verbindung zu den natürlichen Rhythmen des Universums und erschließt das Potenzial für transformative und magische Erfahrungen im Reich der Zauberkunst.

KAPITEL V

Mondscheinzauber für die alltägliche Magie

Liebe und Beziehungen

Liebe und Beziehungen sind ein grundlegender Aspekt der menschlichen Erfahrung und prägen den Teppich unseres Lebens mit emotionalem Reichtum, Freude und tiefen Verbindungen. Von den frühen Stadien der Verliebtheit bis hin zu den Komplexitäten langfristiger Bindungen umfasst die Reise der Liebe ein Spektrum von Emotionen, Herausforderungen und transformativen Erfahrungen. Um die Dynamik von Liebe und Beziehungen zu verstehen, muss man sich mit den Feinheiten menschlicher Beziehungen befassen und die psychologischen, emotionalen und sozialen Faktoren erforschen, die zur Entstehung, Aufrechterhaltung und Entwicklung romantischer Partnerschaften beitragen.

Die Grundlagen der Liebe finden ihre Wurzeln oft in der Anziehung – einer magnetischen Kraft, die Menschen in einem Tanz der Entdeckungen zusammenbringt. Angeheizt durch genetische, hormonelle und kulturelle Faktoren, bereitet die körperliche Anziehung die Voraussetzungen für den ersten Funken, der das romantische Interesse entfacht. Wenn sich Individuen in der Attraktionslandschaft zurechtfinden, sind psychologische Faktoren wie Persönlichkeitskompatibilität, gemeinsame Werte und alltägliche Interessen entscheidend für die Vertiefung der Verbindung. Der Prozess des Verliebens ist ein komplexes Zusammenspiel von bewussten Entscheidungen, unbewussten Wünschen und der mysteriösen Alchemie der Chemie.

Die frühen Stadien einer romantischen Beziehung sind gekennzeichnet durch Verliebtheit, einen Zustand, der durch erhöhte Emotionen, intensive Konzentration auf das Objekt der Zuneigung und ein Gefühl der Euphorie gekennzeichnet ist. Diese Verliebtheitsphase, die oft als "Flitterwochen" bezeichnet wird, ist eine Zeit der Erkundung und Freude, in der Paare in der Neuheit ihrer Verbindung schwelgen. Wenn sich jedoch die anfängliche Welle der Verliebtheit zu legen beginnt, treten Paare in eine Phase der Realitätsprüfung ein. Diese Phase ist gekennzeichnet durch eine tiefere Auseinandersetzung mit den Persönlichkeiten, Werten und Eigenheiten des jeweils anderen, was zu einem nuancierteren Verständnis der Kompatibilität und potenzieller Herausforderungen führt.

In dieser Phase wird die Kommunikation, die für glückliche Beziehungen unerlässlich ist, noch wichtiger. Neben dem Ausdruck von Ideen und Emotionen erfordert effektive Kommunikation Empathie und aufmerksames Zuhören. Jede Bindung wird unweigerlich Missverständnisse und Auseinandersetzungen mit sich bringen, und wie ein Paar mit diesen Schwierigkeiten umgeht, entscheidet häufig darüber, wie stark und lang ihre Bindung ist. Emotionale Nähe und gegenseitiges Verständnis basieren auf einer offenen, ehrlichen und höflichen Kommunikation.

Die Dynamik der Liebe verändert sich, wenn sich Beziehungen entwickeln, und bewegt sich von der intensiv leidenschaftlichen Verliebtheit zu einer tieferen, reiferen Art der Liebe. Intimität, Leidenschaft und Hingabe sind die drei Elemente der Liebe, die der Psychologe Robert Sternberg in seiner Dreieckstheorie der Liebe identifiziert hat. Langfristige Beziehungspflege wird als Bindung bezeichnet, Leidenschaft umfasst körperliches und emotionales Verlangen und Intimität ist der Grad der emotionalen Nähe und Verbindung zwischen den Partnern. Unterschiedliche Anordnungen dieser Elemente bringen verschiedene Arten von Liebe hervor: kameradschaftliche Liebe (Bindung und Intimität), vollendete Liebe (ein Gleichgewicht aus allen dreien) und leidenschaftliche Liebe (Leidenschaft und Intimität).

Die Reise der Liebe ist nicht ohne Herausforderungen, und Beziehungen sind oft mit Zeiten von Stress, Konflikten und äußerem Druck konfrontiert. Effektive Konfliktlösung, Kompromisse und Resilienz sind wichtige Fähigkeiten, die zur Dauerhaftigkeit einer Beziehung beitragen. Der Aufbau einer soliden Vertrauensbasis ist ebenso wichtig, da Vertrauen die Grundlage für emotionale Sicherheit und Geborgenheit bildet. Vertrauen verdient man sich durch konsequente Ehrlichkeit, Verlässlichkeit und gegenseitigen Respekt.

Liebe ist auch mit individuellem Wachstum und Selbstfindung verflochten. Gesunde Beziehungen fördern die persönliche Entwicklung und fördern ein Umfeld, in dem Partner ihre Ziele, Bestrebungen und Leidenschaften verfolgen können. In einer Beziehung bedeutet Selbstfindung, sich der eigenen Bedürfnisse und denen des Partners bewusst zu sein und sich gleichzeitig mit den eigenen Bedürfnissen und Grenzen auseinanderzusetzen. Eine harmonische Balance zwischen individueller Autonomie und gemeinsamen Zielen schafft eine dynamische und erfüllende Beziehung.

Die Rolle der Liebe in langfristigen Beziehungen geht über die romantischen und leidenschaftlichen Aspekte hinaus. Kameradschaft, gemeinsame Werte und ein Gefühl der Partnerschaft tragen dazu bei, dass verbindliche Beziehungen von Dauer sind. Der Aufbau eines gemeinsamen Lebens beinhaltet die Bewältigung verschiedener Meilensteine wie Heirat, Elternschaft und berufliche Veränderungen. Diese Übergänge erfordern Anpassungsfähigkeit, gegenseitige Unterstützung und eine gemeinsame Vision für die Zukunft. Paare, die diese Lebensphasen mit Resilienz und Einheit meistern können, stellen oft fest, dass sich ihre Liebe mit der Zeit vertieft und reift.

Während die Reise der Liebe zutiefst lohnend ist, ist sie nicht immun gegen äußere Faktoren, die Herausforderungen mit sich bringen können. Wirtschaftlicher Druck, gesellschaftliche Erwartungen und kulturelle Einflüsse können sich auf Beziehungen auswirken. Zum Beispiel können gesellschaftliche Normen in Bezug auf Geschlechterrollen, Ehe und Familienstrukturen die Erwartungen und Dynamiken innerhalb einer Beziehung prägen. Paare können auch mit externen Stressoren konfrontiert sein, wie z. B. arbeitsbezogenen Anforderungen, finanzieller Belastung oder gesundheitlichen Problemen, die die Beziehung unter Druck setzen können.

Kulturelle Unterschiede tragen zur Vielfalt der Liebes- und Beziehungsdynamik weltweit bei. Kulturen können einzigartige Normen, Rituale und Erwartungen in Bezug auf Werbung, Ehe und familiäre Verpflichtungen haben. Das Verständnis und die Achtung dieser kulturellen Nuancen ist entscheidend für die Förderung interkultureller Beziehungen und der Förderung der Inklusivität. Die Vielfalt der Liebesgeschichten in den verschiedenen Kulturen bereichert die kollektive menschliche Erfahrung, hebt die Universalität der Emotionen hervor und feiert gleichzeitig die einzigartigen Ausdrucksformen der Liebe in verschiedenen kulturellen Kontexten.

Das Konzept der Liebe geht über romantische Partnerschaften hinaus und umfasst verschiedene Formen der Liebe, einschließlich familiärer, spiritueller und Selbstliebe. Die Liebe in der Familie, die in den Banden der Verwandtschaft verwurzelt ist, spielt eine zentrale Rolle bei der Gestaltung des Gefühls der Identität, der Zugehörigkeit und der Unterstützung. Geschwisterbeziehungen, Eltern-Kind-Dynamiken und erweiterte Familienverbindungen tragen zum Mosaik der familiären Liebe bei und bieten eine Grundlage für emotionale Sicherheit und Verbundenheit.

Die platonische Liebe, die oft in Freundschaften zelebriert wird, spiegelt die tiefen emotionalen Bindungen wider, die außerhalb der Romantik entstehen. Gegenseitiger Respekt, gemeinsame Interessen und emotionale Unterstützung zeichnen Freundschaften aus. Diese Beziehungen tragen zum emotionalen Wohlbefinden bei und bieten Gesellschaft, Lachen und ein Gefühl der Zugehörigkeit. Die platonische Liebe überwindet gesellschaftliche Erwartungen und überdauert oft die Prüfungen der Zeit, indem sie eine tiefe Verbindung zwischen den Individuen bietet.

Einer der wichtigsten Aspekte des totalen Wohlbefindens ist die Selbstliebe, die darin besteht, eine liebevolle und unterstützende Verbindung zu sich selbst aufzubauen. Es umfasst Selbstakzeptanz, Selbstmitgefühl und die Praxis, die eigene körperliche, emotionale und geistige Gesundheit in den Vordergrund zu stellen. Gesunde Selbstliebe bildet die Grundlage für erfüllende Beziehungen zu anderen, da Menschen, die mit sich selbst zufrieden sind, besser in der Lage sind, sinnvolle Verbindungen aufzubauen und aufrechtzuerhalten.

Die Schnittstelle von Liebe und Psychologie taucht in die Tiefen des menschlichen Verhaltens, der Kognition und der Emotionen ein und bietet Einblicke in die Mechanismen, die romantische Beziehungen steuern. Die Bindungstheorie, die von den Psychologen John Bowlby und Mary Ainsworth entwickelt wurde, erforscht die Bindungsmuster, die Menschen in der frühen Kindheit entwickeln, und wie diese Muster die Beziehungen von Erwachsenen beeinflussen. Sichere Bindung ist mit einer gesunden Beziehungsdynamik verbunden, während sich unsichere Bindung im Erwachsenenalter als ängstliches oder vermeidendes Verhalten manifestieren kann.

Eine weitere psychologische Perspektive auf die Liebe ist Sternbergs Dreieckstheorie, die postuliert, dass Liebe Intimität, Leidenschaft und Hingabe verbindet. Dieser Rahmen bietet ein nuanciertes Verständnis der facettenreichen Natur der Liebe und erkennt an, dass sich die Betonung dieser Komponenten in Beziehungen im

Laufe der Zeit verschieben kann. Darüber hinaus untersuchen sozialkognitive Theorien die Rolle von beobachtendem Lernen, Sozialisation und kulturellen Einflüssen bei der Gestaltung von Beziehungseinstellungen und -verhaltensweisen von Individuen.

Das Zusammenspiel von Liebe und Hormonen fügt dem Verständnis romantischer Anziehung und Bindung eine biologische Dimension hinzu. Die Freisetzung von Chemikalien wie Oxytocin, Serotonin und Dopamin trägt zu den Gefühlen von Vergnügen, Glück und Bindung bei, die mit Liebe verbunden sind. Diese neurochemischen Prozesse unterstreichen den tiefgreifenden Einfluss der Liebe auf das Gehirn und beeinflussen die Stimmung, die Motivation und das allgemeine Wohlbefinden.

Die Erforschung der Liebe überschneidet sich auch mit der Soziologie und untersucht, wie gesellschaftliche Strukturen, Normen und Erwartungen die Beziehungsdynamik prägen. Gesellschaftliche Einflüsse können sich auf verschiedene Weise manifestieren, einschließlich kultureller Erwartungen in Bezug auf Geschlechterrollen, gesellschaftliche Einstellungen zur Ehe und der Einfluss sozioökonomischer Faktoren auf die Beziehungsstabilität. Die Untersuchung des gesellschaftlichen Kontexts bietet einen ganzheitlichen Blick auf die Faktoren, die zu den vielfältigen Ausdrucksformen von Liebe innerhalb verschiedener Gemeinschaften und Kulturen beitragen.

Die Liebe in Literatur und Kunst ist eine zeitlose Muse, die unzählige Gedichte, Romane, Gemälde und musikalische Kompositionen inspiriert. Von Shakespeare-Sonetten bis hin zu klassischen Liebesgeschichten fangen künstlerische Ausdrucksformen die unzähligen Facetten der Liebe ein – ihre Freuden, Sorgen, Komplexitäten und transzendenten Qualitäten. Die Künste spiegeln die menschliche Erfahrung wider und spiegeln die Tiefe und Breite der Emotionen wider, die die Liebesreise begleiten.

Zusammenfassend lässt sich sagen, dass Liebe und Beziehungen einen facettenreichen und transformativen Aspekt der menschlichen Erfahrung darstellen. Von den anfänglichen Funken der Anziehung bis hin zu den dauerhaften Bindungen, die durch Engagement geschmiedet werden, umfasst die Reise der Liebe einen reichen Teppich aus Emotionen, Herausforderungen und persönlichem Wachstum. Das Verständnis der psychologischen, emotionalen und soziokulturellen Dynamik der Liebe liefert aufschlussreiche Beobachtungen über die Nuancen menschlicher Beziehungen. Egal, ob es darum geht, die Feinheiten romantischer Beziehungen, die dauerhaften Bindungen der Familie, die Freuden der Freundschaft oder die Bedeutung der Selbstliebe zu erforschen, die Erforschung der Liebe enthüllt ihre tiefgreifenden Auswirkungen auf den Einzelnen und das kollektive Gefüge der menschlichen Gesellschaft. Durch die Brille der Psychologie, der Biologie, der Soziologie und der Künste lädt uns das Studium der Liebe ein, die Geheimnisse des Herzens zu enträtseln und die vielfältigen Ausdrucksformen dieser universellen und dauerhaften menschlichen Erfahrung zu feiern.

Wohlstand und Überfluss

Wohlstand und Überfluss werden zwar oft mit materiellem Reichtum in Verbindung gebracht, gehen aber weit über den Bereich der Finanzen hinaus und umfassen eine ganzheitliche und facettenreiche Lebenseinstellung. Das Streben nach Wohlstand beinhaltet die Kultivierung einer Denkweise, die Ausrichtung der eigenen Energien und das Erkennen der Fülle in verschiedenen Aspekten der Existenz. Es ist eine Philosophie, die über den bloßen finanziellen Gewinn hinausgeht und die Bereicherung des allgemeinen Wohlbefindens, der Beziehungen und der spirituellen Erfüllung betont.

Im Kern wurzelt das Wohlstandsbewusstsein in der Überzeugung, dass Fülle keine endliche Ressource ist, sondern ein unendlicher und zugänglicher Seinszustand. Diese Denkweise behauptet, dass es mehr als genug zu tun gibt, und ermutigt den Einzelnen, seine Perspektive vom Mangel zum Überfluss zu ändern. Diese Perspektive anzunehmen bedeutet, die Verbundenheit aller Aspekte des Lebens anzuerkennen und das Potenzial für Wachstum, Erfolg und Erfüllung in verschiedenen Bereichen zu erkennen.

Der Weg zum Wohlstand beginnt oft mit Selbsterkenntnis und einer bewussten Auseinandersetzung mit den eigenen Überzeugungen und Denkmustern. Negative und einschränkende Überzeugungen, die oft in gesellschaftlichen Konditionierungen oder vergangenen Erfahrungen verwurzelt sind, können Barrieren für den Wohlstand schaffen. Diese Überzeugungen können sich in Zweifeln an der eigenen Würdigkeit, Ängsten vor Knappheit oder selbst auferlegten Einschränkungen des Erfolgs manifestieren. Diese einschränkenden Überzeugungen zu erkennen und in Frage zu stellen, ist entscheidend für die Förderung einer Denkweise, die Wohlstand willkommen heißt.

Positive Affirmationen, Visualisierungen und Achtsamkeitspraktiken sind wirksame Werkzeuge, um eine erfolgreiche Denkweise zu kultivieren. Affirmationen, wiederholte Aussagen, die positive Überzeugungen verstärken, dienen dazu, das Unterbewusstsein umzuprogrammieren und einschränkende Gedanken durch ermächtigende zu ersetzen. Bei der Visualisierung geht es darum, lebendige mentale Bilder von gewünschten Ergebnissen zu schaffen, die es dem Geist ermöglichen, sich auf die Energie der Fülle auszurichten. Achtsamkeitspraktiken wie Meditation fördern das Bewusstsein für den gegenwärtigen Moment, bauen Stress ab und öffnen den Geist für die Möglichkeiten im Hier und Jetzt.

Im Reich des Wohlstands und der Fülle spielt das Gesetz der Anziehung eine zentrale Rolle. Dieses universelle Prinzip besagt, dass Gleiches Gleiches anzieht, was darauf hindeutet, dass die Energie, die man in die Welt steckt, die Erfahrungen und Gelegenheiten beeinflusst, die zurückkommen. Durch die Aufrechterhaltung einer positiven und reichhaltigen Denkweise können Individuen Umstände, Menschen und Ressourcen anziehen, die mit ihrer Schwingungsfrequenz übereinstimmen. Das Gesetz der Anziehung unterstreicht die Bedeutung der bewussten Absichtssetzung und des Erkennens der Macht von Gedanken und Emotionen bei der Gestaltung der eigenen Realität.

Materieller Reichtum ist zweifellos ein Bestandteil des Wohlstands, und finanzieller Überfluss ist oft ein greifbarer Ausdruck von Erfolg und Wohlergehen. Das Streben nach Wohlstand geht jedoch über den monetären Gewinn hinaus und umfasst ein breiteres Spektrum an Wohlstand. Gesundheit und Wohlbefinden, sinnvolle Beziehungen, persönliches Wachstum und ein Gefühl der Sinnhaftigkeit sind ein wesentlicher Bestandteil eines erfolgreichen Lebens. Das Erkennen und Schätzen dieser vielfältigen Formen der Fülle trägt zu einer ganzheitlicheren und erfüllenderen Erfahrung bei.

Das Konzept des Wohlstands ist eng mit dem Überfluss in Beziehungen verflochten. Gesunde und harmonische Beziehungen zu anderen tragen wesentlich zu einem bereicherten Leben bei. Sinnvolle Beziehungen bieten emotionale Unterstützung, Kameradschaft und ein Gefühl der Zugehörigkeit. Die Pflege starker sozialer Bindungen erfordert Qualitäten wie Empathie, effektive Kommunikation und die Bereitschaft, einen positiven Beitrag zum Wohlergehen anderer zu leisten. Die Fülle an Liebe, Freundlichkeit und gemeinsamen Erfahrungen in Beziehungen verstärkt das allgemeine Gefühl des Wohlstands.

Darüber hinaus sind persönliches Wachstum und kontinuierliches Lernen wesentliche Elemente eines erfolgreichen Lebens. Das Streben nach Wissen, Fähigkeiten und Selbstverbesserung trägt zu einem Gefühl der Erfüllung und Leistung bei. Herausforderungen anzunehmen, aus Erfahrungen zu lernen und den eigenen Horizont zu erweitern, fördert eine Denkweise des Wachstums und der Resilienz. Die Fülle an Lern- und Entwicklungsmöglichkeiten verleiht dem Weg zum Wohlstand Tiefe und Reichtum.

Spirituelle Erfüllung ist eine weitere Dimension des Wohlstands, die über den materiellen Bereich hinausgeht. Diese Komponente ist das Gefühl der Zugehörigkeit zu etwas, das größer ist als man selbst, wie z.B. dem Universum, einer höheren Macht oder einem präziseren Verständnis des eigenen Zwecks. Spirituelle Übungen wie Gedanken, Gebet und Meditation bieten Möglichkeiten, sich mit diesem Aspekt des Überflusses zu befassen. Der Reichtum an innerer Ruhe, Dankbarkeit und spiritueller Verbundenheit beeinflusst den allgemeinen Wohlstand.

Im Streben nach Wohlstand kann die Bedeutung der Dankbarkeit nicht hoch genug eingeschätzt werden. Dankbarkeit ist eine transformative Kraft, die den Fokus von dem, was fehlt, auf das Gegenwärtige verlagert. Die Gewohnheit zu kultivieren, Dankbarkeit für die Fülle auszudrücken, die bereits im eigenen Leben vorhanden ist, stärkt das Bewusstsein für die positiven Aspekte des Daseins. Dankbarkeit wirkt wie ein Magnet, der mehr von dem, was geschätzt wird, in die eigene Erfahrung zieht. Diese einfache, aber tiefgründige Praxis fördert eine Geisteshaltung der Fülle und zieht zusätzliche Segnungen und Gelegenheiten an.

In Beruf und Karriere beeinflusst das Wohlstandsbewusstsein den beruflichen Erfolg und die Erfüllung. Probleme als Chancen und nicht als Barrieren zu betrachten, fördert Kreativität, Anpassungsfähigkeit und die Initiative, um sie zu überwinden. Menschen mit einer wohlhabenden Denkweise sehen ihre Arbeit als berufliche und persönliche Entwicklungsmöglichkeiten und nicht nur als eine Möglichkeit, Geld zu verdienen. Diese Strategie, die den Zweck und den Beitrag in den Vordergrund stellt, führt häufig zu einer befriedigenderen und befriedigenderen Arbeit.

Unternehmertum, das Innovation und Wertschöpfung in den Vordergrund stellt, steht in engem Einklang mit den Prinzipien des Wohlstands. Unternehmer, die ihre Unternehmungen mit einer Denkweise des Überflusses angehen, sind eher in der Lage, Herausforderungen kreativ zu meistern und Wachstumschancen zu nutzen. Die Fähigkeit, über unmittelbare Rückschläge hinauszublicken, sich an veränderte Umstände anzupassen und eine positive Vision für die Zukunft zu bewahren, trägt zum nachhaltigen Erfolg unternehmerischer Bestrebungen bei.

Im Bereich des Wohlstands spielen Philanthropie und das Zurückgeben eine wichtige Rolle. Das Bewusstsein, dass Reichtum dazu da ist, geteilt zu werden, fördert bürgerschaftliches Engagement und soziales Verantwortungsbewusstsein. Akte der Großzügigkeit, sei es durch wohltätige Spenden, Freiwilligenarbeit oder Mentoring, erzeugen einen positiven Welleneffekt. Die Fülle an Ressourcen, Fähigkeiten und Wissen, die mit anderen geteilt werden, trägt zum kollektiven Wohlergehen von Gemeinschaften und der Gesellschaft bei.

Die Prinzipien des Wohlstands erstrecken sich über individuelle Bestrebungen hinaus auf gesellschaftliche Strukturen und Wirtschaftssysteme. Ein Paradigmenwechsel von einem auf Knappheit basierenden Wirtschaftsmodell hin zu einem Modell, das auf Nachhaltigkeit, Inklusivität und gerechte Verteilung von Ressourcen setzt, steht im Einklang mit der Philosophie des Wohlstands für alle. Ein solcher Wandel beinhaltet die Neubewertung gesellschaftlicher Werte, die Priorisierung des Umweltschutzes und die Schaffung von Wirtschaftssystemen, die das Wohlergehen des Einzelnen und des Planeten in den Vordergrund stellen.

Zusammenfassend lässt sich sagen, dass Wohlstand und Überfluss einen facettenreichen und transformativen Lebensansatz umfassen, der über die Anhäufung von materiellem Reichtum hinausgeht. Eine Wohlstandsmentalität beinhaltet die Kultivierung positiver Überzeugungen, die Annahme des Gesetzes der Anziehung und das Erkennen von Fülle in verschiedenen Aspekten des Daseins. Über den finanziellen Gewinn hinaus erstreckt sich Wohlstand auf ganzheitliches Wohlbefinden, sinnvolle Beziehungen, persönliches Wachstum und spirituelle Erfüllung. Die Prinzipien des Wohlstands beeinflussen den beruflichen Erfolg, unternehmerische Bestrebungen und gesellschaftliche Strukturen und betonen die Verflechtung von individuellem und kollektivem Wohlergehen. Durch Dankbarkeit, Philanthropie und das Engagement für gemeinsamen Wohlstand trägt der Einzelne zu einer bereichernderen und erfüllenderen Erfahrung für sich selbst und die Welt um ihn herum bei. Wenn man es mit Achtsamkeit und Absicht angeht, wird Wohlstand zu einer leitenden Philosophie, die den Einzelnen befähigt, ein sinnvolles, erfülltes Leben zu führen.

Schutz und Reinigung

Schutz- und Reinigungsrituale waren im Laufe der Geschichte integrale Bestandteile verschiedener kultureller und spiritueller Traditionen und dienten als Praktiken, die darauf abzielten, Individuen, Räume und Energien vor negativen Einflüssen zu schützen. Verwurzelt in der Überzeugung, dass spirituelles und energetisches Wohlbefinden mit allgemeiner Gesundheit und Wohlstand verflochten ist, beinhalten diese Rituale oft symbolische Handlungen, heilige Werkzeuge und die Anrufung höherer Mächte. Ob es darum geht, böse Mächte abzuwehren, negative Wesenheiten zu vertreiben oder heilige Räume zu schaffen, Schutz- und Reinigungsrituale bieten vielfältige Praktiken, die die spirituellen, psychologischen und emotionalen Dimensionen des Wohlbefindens ansprechen.

Ein roter Faden, der sich durch verschiedene Kulturen zieht, ist die Anerkennung der Existenz negativer Wesenheiten oder Wesenheiten, die sich auf Individuen und ihre Umwelt auswirken können. In vielen Glaubenssystemen glaubt man, dass sich diese Energien als spirituelle Störungen, psychische Angriffe oder sogar böse Wesenheiten manifestieren können. Schutzrituale sind daher so konzipiert, dass sie einen Schutzschild der spirituellen Abwehr schaffen und eine Schutzschicht gegen äußere oder innere Quellen der Negativität bieten.

Die Verwendung heiliger Werkzeuge ist ein weit verbreitetes Merkmal von Schutzritualen. Diese Werkzeuge variieren je nach Tradition, darunter Kristalle, Kräuter, Amulette, Talismane oder zeremonielle Gegenstände, die mit bestimmten Energien aufgeladen sind. Zum Beispiel wird angenommen, dass bestimmte Kristalle schützende Eigenschaften bei der Kristallheilung besitzen. Schwarzer Turmalin wird oft wegen seiner Fähigkeit verwendet, negative Energien zu absorbieren und umzuwandeln, während klarer Quarz wegen seiner verstärkenden Eigenschaften geschätzt wird, die schützende Absichten verstärken. In ähnlicher Weise werden Kräuter wie Salbei, Zeder oder Weihrauch als Reinigungsmittel in verschiedenen kulturellen Praktiken verbrannt, um Räume zu reinigen und negative Energien zu vertreiben.

Die Reinigung ist tief in vielen spirituellen Traditionen durch Rituale, Zeremonien oder bestimmte Praktiken verwurzelt. Reinigungsrituale entfernen stagnierende oder schädliche Energien, reinigen Räume und stellen Gleichgewicht und Harmonie wieder her. Diese Rituale beinhalten oft Elemente wie Wasser, Feuer, Erde und Luft, die jeweils unterschiedliche Aspekte der Reinigung repräsentieren.

In vielen indigenen Kulturen gehören Räucherzeremonien zu den üblichen Reinigungspraktiken. Es wird gesagt, dass das Verbrennen von Bündeln getrockneter Kräuter wie Süßgras oder Salbei und das Verteilen des Rauchs über einen Raum negative Energie reinigt und eine spirituell reine Atmosphäre erzeugt. Dieser Brauch beruht auf der Idee, dass Rauch Botschaften an das Göttliche übermittelt und hilft, Türen zwischen der spirituellen und der materiellen Welt zu öffnen. Wasser wird für seine reinigenden Eigenschaften verehrt und häufig in Reinigungsrituale integriert. Rituelle Bäder, Wassersegnungen oder sogar das Händewaschen können die Reinigung symbolisieren. Das Konzept des heiligen Wassers in verschiedenen religiösen Traditionen, das für Segnungen und Reinigungen verwendet wird, ist ein Beispiel für die Bedeutung von Wasser in spirituellen Reinigungspraktiken.

Mit seinen transformativen und reinigenden

Eigenschaften ist Feuer eine weitere elementare Kraft, die häufig in Reinigungsritualen verwendet wird. Bei der Kerzenmagie werden zum Beispiel Kerzen verwendet, um Absichten zu fokussieren und negative Energien zu vertreiben. Die Flamme wird als Symbol der Transformation gesehen, die Negativität konsumiert und den Weg zu Positivität und Klarheit erhellt.

Die Erde, die Stabilität und Erdung symbolisiert, wird oft in Reinigungspraktiken integriert. Salz, das als Reinigungsmittel gilt, wird in Räume gestreut oder in Schutzkreisen verwendet, um eine Barriere gegen schädliche Einflüsse zu schaffen. Begräbnis- oder Erdungsrituale, bei denen bestimmte Gegenstände vergraben werden, werden ebenfalls eingesetzt, um unerwünschte Energien zu neutralisieren und das Gleichgewicht wiederherzustellen.

Luft, die mit Atem und Lebenskraft in Verbindung gebracht wird, wird in Reinigungsritualen durch Praktiken wie das Räuchern genutzt, bei denen davon ausgegangen wird, dass die Rauchwaage negative Energien wegträgt. Die Kraft des Atems wird in Achtsamkeits- und Meditationspraktiken genutzt, bei denen bewusstes Atmen verwendet wird, um Stress abzubauen und den Geist zu reinigen.

Zusätzlich zu den elementaren Ritualen beinhalten viele Schutz- und Reinigungspraktiken die Anrufung spiritueller Wesenheiten oder Gottheiten. Gebete, Anrufungen oder Mantras werden in verschiedenen religiösen Traditionen rezitiert, um göttlichen Schutz und Führung zu erhalten. Zum Beispiel sind das Werfen eines schützenden Kreises und die Anrufung von Gottheiten oder Elementarkräften in Wicca-Ritualen Standardpraktiken, um einen heiligen und geschützten Raum zu schaffen.

Amulette und Talismane, von denen angenommen wird, dass sie schützende Energien in sich tragen, werden oft als tragbare oder tragbare Gegenstände verwendet. Dazu können Symbole, Talismane oder handgefertigte Objekte gehören, die zum Schutz mit bestimmten Erwähnungen versehen sind. Das Tragen eines religiösen Anhängers, eines heiligen Symbols oder eines Edelsteins, von dem angenommen wird, dass er schützende Eigenschaften besitzt, wird in verschiedenen Kulturen weltweit praktiziert.

Der Glaube an die schädlichen Auswirkungen neidischer oder böswilliger Blicke spiegelt sich in der Vorstellung des bösen Blicks wider, die in vielen Kulturen verbreitet ist. Der Nazar in der türkischen Kultur und die Hamsa-Hand in den Traditionen des Nahen Ostens sind Beispiele für Talismane, die den bösen Blick abwehren sollen. Dies sind Schutzsymbole, die verwendet werden, um schädliche Energien abzuleiten und die Sicherheit der Menschen zu gewährleisten.

Schutz- und Reinigungsrituale sind zwar tief in spirituellen und religiösen Praktiken verankert, aber ihre Relevanz geht über diese Kontexte hinaus. In der heutigen Zeit integrieren Menschen mit unterschiedlichem spirituellem Hintergrund und diejenigen, die sich nicht mit einem bestimmten Glauben identifizieren, diese Rituale in ihr Leben als Werkzeuge für Selbstfürsorge und geistiges Wohlbefinden. Die Betonung von Achtsamkeit, Absichtssetzung und der Schaffung eines positiven Umfelds steht im Einklang mit zeitgenössischen Ansätzen für ganzheitliche Gesundheit.

Energieheilungstechniken wie Reiki und Kristallheilung beinhalten Reinigungs- und Schutztechniken als Kernelemente ihrer Ansätze. Vor einer Sitzung räumen Reiki-Praktizierende häufig ihre Arbeitsplätze und Energiefelder. Kristalle, die in der Energietherapie verwendet werden, werden oft gereinigt und aufgeladen, um ihre energetische Reinheit und Wirksamkeit zu erhalten.

Psychologische Perspektiven auf Schutz- und Reinigungsrituale betonen den Einfluss von Intention und Symbolik auf die menschliche Psyche. Der Placebo-Effekt, bei dem Individuen aufgrund ihrer Überzeugungen und Erwartungen positive Ergebnisse erfahren, ist im Zusammenhang mit diesen Ritualen relevant. Die psychologischen Vorteile, sich geschützt, geerdet und spirituell gereinigt zu fühlen, tragen zum Wohlbefinden und zur Widerstandsfähigkeit des Einzelnen bei.

Es ist auch anerkannt, dass Achtsamkeitsübungen wie Visualisierung und Meditation reinigende und schützende Wirkungen haben. Diese Techniken unterstützen Menschen bei der Entwicklung von Stressabbau, geistiger Klarheit und Bewusstsein für den gegenwärtigen Moment. Menschen können ihre geistige und emotionale Gesundheit stärken, indem sie sich einen Schutzschild vorstellen und sich auf gute Absichten konzentrieren.

Zusammenfassend lässt sich sagen, dass Schutz- und Reinigungsrituale einen reichen Teppich von Praktiken darstellen, die tief in verschiedenen kulturellen, spirituellen und ganzheitlichen Traditionen verwurzelt sind. Ob durch die Anrufung höherer Mächte, heiliger Werkzeuge, elementarer Rituale oder psychologischer Ansätze, diese Praktiken schützen Individuen und Räume vor negativen Einflüssen. Über ihren spirituellen oder religiösen Kontext hinaus stehen diese Rituale in Resonanz mit modernen Praktiken des Wohlbefindens, Energieheilungsmodalitäten und Ansätzen des psychischen Wohlbefindens. Die Universalität der menschlichen Erfahrung spiegelt sich in dem gemeinsamen Verständnis wider, dass die

Aufrechterhaltung der spirituellen und energetischen Hygiene ein wesentlicher Bestandteil eines ausgeglichenen und harmonischen Lebens ist. Während sich der Einzelne in der Komplexität der modernen Welt zurechtfindet, zeugt die anhaltende Anziehungskraft von Schutz- und Reinigungsritualen von ihrer zeitlosen Bedeutung für die Förderung des ganzheitlichen Wohlbefindens.

KAPITEL VI

Rituale für jede Mondphase

Neumond-Ritual zum Setzen von Vorsätzen

Der Neumond, ein Himmelsphänomen, wenn der Mond von der Erde aus nicht sichtbar ist, symbolisiert einen kraftvollen Moment für Neuanfänge und die Aussaat von Absichten. In vielen spirituellen und kulturellen Traditionen ist der Neumond ein entscheidender Moment, um sich etwas zu wünschen, Ziele zu setzen und neue Zyklen zu beginnen. Während dieser Mondphase beginnt ein Mondzyklus, der ein unbeschriebenes Blatt mit günstiger Energie für die Aussaat der Samen von Bestrebungen, Zielen und Manifestationen liefert. Das Festlegen von Absichten während eines Neumond-Rituals ist eine Technik, die sich auf den zyklischen Zyklus des Mondes und die Ebbe und Flut kosmischer Energien ausrichtet.

Im Mittelpunkt des Neumond-Rituals steht das Setzen von Absichten – ein achtsamer und bewusster Akt der Klärung, was man in seinem Leben manifestieren oder kultivieren möchte. Bei der Absichtssetzung geht es darum, bestimmte Ziele, Bestrebungen oder Qualitäten zu identifizieren, die mit den eigenen Werten und dem gewünschten Weg übereinstimmen. Während des Neumonds unterstützt die Energie diesen Prozess besonders und bietet eine einzigartige Gelegenheit, das Potenzial des Fert Le für einen Neuanfang zu erschließen.

Das Ritual beginnt oft mit der Schaffung eines heiligen Raumes. Dies kann eine ruhige Ecke eines Raumes sein, eine Umgebung im Freien oder ein anderer Ort, an dem man ein Gefühl der Ruhe und Verbundenheit verspürt. Die Reinigung ist symbolisch und stellt die Räumung des Alten dar, um Platz für das Neue zu schaffen.

Wenn der heilige Raum etabliert ist, können sich die Individuen mit zentrierenden Praktiken wie Meditation oder tiefem Atmen beschäftigen. Diese Praktiken helfen, den Geist zu beruhigen, den Fokus zu verbessern und einen empfänglichen Zustand für den Prozess der Absichtssetzung zu schaffen. Der Neumond, der oft mit einem Gefühl der Selbstbeobachtung und Ruhe in Verbindung gebracht wird, bietet eine ideale Kulisse, um sich nach innen zu wenden und sich auf die eigene innere Weisheit auszurichten.

Die Verwendung von symbolischen Werkzeugen und Elementen ist ein weit verbreiteter Aspekt von Neumondritualen. Kristalle mit ihren energetischen Eigenschaften werden oft verwendet, um Absichten zu verstärken. Zum Beispiel kann klarer Quarz die Klarheit und den Fokus verbessern, während Rosenquarz für Absichten im Zusammenhang mit Liebe und Beziehungshüften gewählt werden kann. Das Platzieren dieser Kristalle im rituellen Raum oder das Halten während des Prozesses der Absichtssetzung dient dazu, die Energie der Steine in die Absichten einzubringen.

Kerzen sind ein weiteres Standardwerkzeug bei Neumondritualen. Die flackernde Flamme symbolisiert die Verwandlung und die Erleuchtung des eigenen Weges. Das Anzünden einer Kerze während des Rituals verbessert das Ambiente und stellt das Entfachen der eigenen Absichten dar. Der Akt der Kerzenmagie, bei dem bestimmte Farben verschiedenen Absichten entsprechen, fügt dem Ritual eine Ebene der Symbolik und des Fokus hinzu.

Das Einbeziehen von Elementen der Natur ist ein sinnvoller Aspekt von Neumondritualen. Obwohl der Mond nicht sichtbar ist, wird er als mächtige himmlische Präsenz anerkannt. Mondbeobachtung oder ein Aufenthalt im Freien unter dem Nachthimmel während des Neumonds kann die Verbindung zu den Mondenergien vertiefen. Manche Menschen sammeln während des Neumonds Wasser, entweder Tau oder Regen, weil sie der Meinung sind, dass es mit der Energie des Mondes aufgeladen ist und sich zur Reinigung oder Segnung eignet.

Das Führen eines Tagebuchs ist ein wichtiger Bestandteil vieler Neumondrituale. Das Aufschreiben von Absichten, Träumen und Bestrebungen ist ein kraftvoller Weg, um innere Wünsche nach außen zu tragen und sie in der materiellen Welt zu verankern. Den Stift zu Papier zu bringen, beschäftigt sich mit den analytischen und kreativen Aspekten des Geistes, klärt Absichten und festigt die Verpflichtung, sie zu manifestieren. Einige Personen erstellen auch ein Neumond-Visionboard, auf dem Bilder und Wörter collagiert sind, die ihre Absichten darstellen.

Die Praxis der Affirmationen wird oft in Neumondrituale integriert. Affirmationen sind positive Aussagen, die in der Gegenwartsform formuliert sind und mit den eigenen Absichten übereinstimmen. Durch die Wiederholung dieser Affirmationen während des Rituals verstärken die Individuen die Schwingungsfrequenz ihrer Wünsche und fördern ein größeres Gefühl des Glaubens und der Ausrichtung auf die beabsichtigten Manifestationen.

Der Zeitpunkt eines Neumondrituals gilt als bedeutsam. Während der Neumond optimal für das Setzen von Absichten ist, wird die Energie in der Regel innerhalb der ersten 48 Stunden nach dem Neumond am stärksten empfunden. Diese Periode wird oft als "zunehmende Sichel" bezeichnet, in der der Mond beginnt, einen winzigen Splitter seiner beleuchteten Seite zu enthüllen. Die Wachssichel steht für das anfängliche Wachstum und den Aufbau von Absichten, was sie zu einem geeigneten Zeitpunkt für Handeln und Vorwärtsdynamik macht.

Zum Beispiel kann ein Neumond im Widder mit Mut, Initiative und Neubeginn in Verbindung gebracht werden, während ein Neumond in den Fischen Intuition, Kreativität und spirituelles Streben betonen kann. Astrologie-Enthusiasten können ihre Absichten mit den Qualitäten in Einklang bringen, die mit dem spezifischen Tierkreiszeichen Neumond verbunden sind.

Der eigentliche Prozess des Festlegens von Absichten während eines Neumondrituals erfordert eine durchdachte und bewusste Herangehensweise. Der Einzelne kann über verschiedene Bereiche seines Lebens nachdenken, wie z. B. Beziehungen, Karriere, Gesundheit oder persönliches Wachstum, und Absichten entwickeln, die mit seinen Bestrebungen in jedem Bereich übereinstimmen. Es ist wichtig, Absichten positiv zu formulieren und zu bekräftigen, was erwünscht ist, anstatt zu fehlen oder zu vermeiden.

Während des Rituals, wenn die Absichten artikuliert

werden, durchdringen die Individuen sie mit Emotionen und einem echten Gefühl des Glaubens. Die emotionale Aufladung fügt den Absichten eine dynamische Energie hinzu und bringt sie mit den Wünschen des Herzens in Einklang. Visualisierung, ein mächtiges Werkzeug in Manifestationspraktiken, beinhaltet das mentale Vorstellen der gewünschten Ergebnisse, als ob sie bereits eintreten würden, und die Sinne und Emotionen zu aktivieren. Gleichzeitig vertieft das Visualisieren die Wirkung des Intentionsfindungsprozesses.

Bei einigen Neumond-Ritualen können Individuen eine ritualisierte Handlung ausführen, um die Verankerung ihrer Absichten zu symbolisieren. Dieser Akt kann das Anzünden einer Kerze, das Vergraben symbolischer Gegenstände oder sogar das Erschaffen eines kleinen Altars sein, der den Absichten gewidmet ist. Der ritualisierte Akt stellt physisch die Verpflichtung dar, die Absichten in die Realität umzusetzen.

Konsistenz ist ein entscheidender Aspekt für eine

erfolgreiche Absichtssetzung bei Neumondritualen. Während der Neumond ein mächtiges Fenster für die Einweihung bietet, hält das anhaltende Engagement für die Absichten durch tägliche Übungen, Affirmationen und inspirierte Handlungen den Schwung aufrecht. Das regelmäßige Überdenken und Reflektieren der Absichten stärkt die Verbindung zu den gewünschten Ergebnissen.

Während der Mondzyklus fortschreitet, bieten die folgenden Phasen Gelegenheiten zum Nachdenken, zur Anpassung und zum Feiern. Nach dem Neumond ist die zunehmende Halbmondphase eine Zeit, in der inspirierte Handlungen ergriffen und das Wachstum von Absichten genährt werden. Der Mond des ersten Viertels lädt zu einer Neubewertung der Absichten und eventuell notwendigen Anpassungen ein, während der Vollmond einen Höhepunkt und eine Verwirklichung der Absichten markiert. Die abnehmenden Phasen bieten eine Zeit des Loslassens, des Loslassens dessen, was nicht mehr dient, und der Vorbereitung auf den bevorstehenden Neumond.

Zusammenfassend lässt sich sagen, dass das Neumond-Ritual zur Festlegung von Absichten eine tiefgründige und zeitlose Praxis ist, die den Einzelnen mit den zyklischen Energien des Mondes und dem Potenzial für Neuanfänge in Einklang bringt. Verwurzelt in Achtsamkeit, Symbolik und dem Verständnis kosmischer Einflüsse, bietet dieses Ritual einen heiligen Raum für die bewusste Erschaffung der eigenen Realität. Ob durch die Verwendung von Kristallen, Kerzen, Tagebuch oder Affirmationen, jedes Element trägt zum reichen Wandteppich des Rituals bei und erfüllt es mit persönlicher Bedeutung und Absicht. Wenn Individuen sich auf diese bewusste Praxis einlassen, ergreifen sie die Gelegenheit, ihr Leben mit den kosmischen Kräften, die das Universum regieren, mitzugestalten und das grenzenlose Potenzial anzuzapfen, das der Neumond für Manifestation und Wachstum bietet.

Vollmond-Esbat-Rritual für die Manifestation

In vielen spirituellen und mystischen Traditionen hat der Vollmond – ein himmlisches Spektakel, das auftritt, wenn der Mond vollständig am Nachthimmel beleuchtet ist – eine besondere Bedeutung. Diese Mondphase, die oft mit erhöhter Energie und Beleuchtung verbunden ist, bietet eine kraftvolle Kulisse für Rituale und Zeremonien. Unter diesen Ritualen sticht das Vollmond-Esbat-Ritual für die Manifestation als eine Praxis hervor, die die starken Energien des Mondes nutzt, um Absichten zu verstärken und die gewünschten Ergebnisse zu erzielen. Verwurzelt in dem Glauben, dass der Vollmond eine Zeit des Höhepunkts, der Fülle und der erhöhten spirituellen Energie ist, bringt dieses Ritual die Praktizierenden mit der zyklischen Natur des Mondes und dem expansiven Manifestationspotenzial in Einklang.

"Esbat" leitet sich aus dem Altfranzösischen ab und bezieht sich auf ein Treffen oder eine Versammlung. In modernen heidnischen und Wicca-Traditionen ist ein Esbat eine rituelle Zusammenkunft, die oft während des Vollmonds stattfindet und magischen Wirken, Feiern und der Kommunikation mit dem Göttlichen gewidmet ist. Das Vollmond-Esbat-Ritual für die Manifestation ist eine fokussierte und absichtliche Zeremonie innerhalb dieser breiteren Tradition, die die Kraft des Vollmondes betont, Absichten zu verstärken und den Manifestationsprozess zu katalysieren.

Einen heiligen Raum zu schaffen, ist die Grundlage für das Vollmond-Esbat-Ritual. T beinhaltet die Wahl eines ruhigen und ungestörten Ortes, drinnen oder draußen, wo sich die Praktizierenden mit der Energie des F ll Mondes verbinden können. Es ist üblich, den Raum mit Methoden wie dem Räuchern mit Salbei, Palo Santo oder anderen reinigenden Kräutern zu reinigen. Die Reinigung symbolisiert das Entfernen stagnierender Energien und die Vorbereitung einer spirituell veränderten Umgebung.

Wie viele Rituale beginnt auch der Vollmond-Esbat oft mit einer Erdungs- und Zentrierungspraxis. Dies kann tiefe Atmung, Meditation oder Visualisierungsübungen beinhalten, um die Teilnehmer in einen Zustand der Präsenz und Empfänglichkeit zu bringen. Die erhöhte Energie des Vollmondes schafft eine förderliche Atmosphäre für erhöhtes Bewusstsein und Verbindung mit den göttlichen Kräften.

Symbolische Werkzeuge und Elemente sind integraler Bestandteil des Vollmond-Esbat-Rituals. Kristalle, die für ihre energetischen Eigenschaften bekannt sind, werden häufig eingearbeitet, um die Energien des Rituals zu verstärken. Praktizierende können Kristalle wählen, die mit ihren spezifischen Absichten für die Manifestation übereinstimmen. Zum Beispiel kann Amethyst für spirituelles Wachstum, Citrin für Fülle oder Rosenquarz für Herzensangelegenheiten verwendet werden. Das Platzieren dieser Kristalle im rituellen Raum oder das Halten während der Zeremonie hilft, die Energien der Steine in den Manifestationsprozess einzubringen.

Kerzen, die mit Erleuchtung und Transformation in Verbindung gebracht werden, sind ein weiteres Standardwerkzeug in Full Moo-Ritualen. Das Anzünden von Kerzen symbolisiert, Licht auf die eigenen Absichten und den Manifestationsprozess zu bringen. Kerzenfarben können sich weiter an bestimmten Absichten orientieren; Zum Beispiel Grün für Fülle, Rot für Leidenschaft oder Weiß für Klarheit. Die flackernde Flamme wird zum Brennpunkt, der die Zündung und Verstärkung von Absichten darstellt.

Mit seinem tiefgreifenden Einfluss auf die Energien der Erde steht der Mond im Mittelpunkt des Vollmond-Esbat-Rituals. Die Beobachtung des Mondes oder der Aufenthalt im Freien unter dem leuchtenden Nachthimmel fördert eine direkte Verbindung mit den Mondenergien. Einige Praktizierende laden Objekte wie Kristalle oder Wasser auf, indem sie sie unter das Leuchten des Vollmondes stellen, weil sie glauben, dass sie die starken Mondenergien absorbieren, um sie später im Ritual oder für die persönliche Energiearbeit zu verwenden.

Wasser, das oft mit dem Mond und seinen zyklischen Rhythmen in Verbindung gebracht wird, ist in Vollmondritualen symbolisch. Es wird angenommen, dass Mondwasser, das entsteht, indem Wasser in einem Behälter unter dem Vollmond zurückgelassen wird, die Energie des Mondes trägt und zum Reinigen und Aufladen von rituellen Werkzeugen verwendet werden kann. Das Einbeziehen einer Schale mit Mondwasser in den rituellen Raum fügt eine Schicht von Mondsymbolik und energetischer Resonanz hinzu.

Der rituelle Akt des Werfens eines Kreises ist eine gängige Praxis in den Esbat-Ritualen des Menschen. Der Kreis stellt einen heiligen und geschützten Raum dar, eine Barriere, die das Alltägliche vom Magischen trennt. Die Hülle des Kreises kann von Anrufungen an die vier Richtungen, Elemente oder Gottheiten begleitet werden, je nach spiritueller Tradition des Praktizierenden. Die kreisförmige Begrenzung dient als Behälter für die rituellen Energien und schafft einen fokussierten und geweihten Raum für die Manifestation.

Ein wesentliches Element des Vollmond-Esbat-Rituals ist die Artikulation von Absichten. Die Teilnehmer äußern abwechselnd ihre Wünsche, Ziele und Bestrebungen und sprechen sie laut zum Mond und den anwesenden göttlichen Kräften. Der Vollmond, der mit der Kulmination der Energie und dem Höhepunkt ihres Einflusses verbunden ist, verstärkt diese Absichten. Das Sprechen mit Aufmerksamkeit fügt eine weitere Ebene der Manifestationsenergie hinzu, da gesprochenen Worten eine bestimmte Schwingungsfrequenz zugeschrieben wird, die den energetischen Bereich beeinflusst.

Wie bei Neumond-Ritualen werden Affirmationen oft in Vollmond-Esbat-Zeremonien integriert. Diese positiven Aussagen, die im Präsens formuliert und auf die eigenen Absichten abgestimmt sind, tragen zum Manifestationsprozess bei. Die Wiederholung von Affirmationen während des Rituals verstärkt die gewünschten Ergebnisse und fördert ein größeres Gefühl des Glaubens und der Ausrichtung auf die Absichten.

Visualisierung, ein mächtiges Werkzeug in Manifestationspraktiken, ist während des Vollmonds besonders wirksam. Die Teilnehmer werden ermutigt, sich die Erfüllung ihrer Absichten so lebhaft wie möglich vorzustellen. Das Einbeziehen der Sinne und Emotionen während des Visualisierens vertieft die Wirkung des Manifestationsprozesses und schafft eine robuste und energetische Verbindung zwischen dem Praktizierenden und den gewünschten Ergebnissen.

Praktizierende können in einigen Vollmond-Esbat- Ritualen symbolische Handlungen ausführen, um ihre Absichten zu verankern. Dies könnte die physische Präsentation des gewünschten Ergebnisses beinhalten, z. B. ein Vision Board oder ein erweitertes Objekt, das mit Absicht aufgeladen ist. Der ritualisierte Akt wird zu einem greifbaren Ausdruck des Engagements und des Glaubens an den Manifestationsprozess.

Astrologische Erwägungen können den Zeitpunkt und die Themen der Vollmond-Sbat-Rituale beeinflussen. Das Sternzeichen, in dem der Vollmond auftritt, verleiht den Absichten Energie und Einfluss. Zum Beispiel kann ein Vollmond im Stier Erdung, Stabilität und materielle Manifestationen betonen, während ein Vollmond im Skorpion Transformation, Tiefe und emotionale Heilung hervorheben kann. Astrologie-Enthusiasten können ihre Absichten mit den Qualitäten in Einklang bringen, die mit dem wissenschaftlichen Sternzeichen Vollmond verbunden sind.

Energiespendende Aktivitäten begleiten oft das Vollmond-Esbat-Ritual. Singen, Trommeln oder Tanzen können die energetischen Schwingungen im rituellen Raum erhöhen und die Verbindung mit den kraftvollen Energien des Vollmondes intensivieren. Die rhythmische und bewusste Bewegung richtet die Teilnehmer auf den Fluss der kosmischen Energien aus und verstärkt den Manifestationsprozess.

Die Kulminationszeit des Vollmond-Esbat-Rituals beinhaltet oft eine Abschlusszeremonie. Dies kann Dankesbekundungen gegenüber dem Mond, den angerufenen göttlichen Kräften und den Teilnehmern des Rituals beinhalten. Das Schließen des rituellen Kreises ist ein bewusster Akt, der das Ende der konzentrierten magischen Arbeit und die Rückkehr in die weltliche Welt bedeutet. So setzen die Praktizierenden überschüssige Energie frei, die während des Rituals erhoben wird, und erden sich, indem sie die Erde oder den Boden verändern.

Konsequentes Nachdenken über Absichten und Handlungen wird in den Tagen und Wochen nach dem Vollmond-Esbat-Ritual gefördert. Die Energie des Vollmondes erstreckt sich über die Nacht des Rituals hinaus und bietet ein Zeitfenster für die Manifestation in den folgenden Mondphasen. Für Praktiker kann es von Vorteil sein, ihre Absichten regelmäßig zu überprüfen, das Profil zu bewerten und notwendige Anpassungen oder Verfeinerungen vorzunehmen.

Zusammenfassend lässt sich sagen, dass das Vollmond-Esbat-Ritual zur Manifestation eine dynamische und bewusste Praxis ist, die die Teilnehmer mit den kraftvollen Energien des Vollmondes in Einklang bringt. Verwurzelt in Symbolik, Mondassoziationen und dem Glauben an die verstärkende Kraft des Vollmonds, bietet dieses Ritual einen heiligen Raum für die Manifestation von Conscio. Ob durch die Verwendung von Kristallen, Kerzen, Affirmationen oder symbolischen Handlungen, jedes Element trägt zum reichen Wandteppich des Rituals bei und verleiht ihm persönliche Bedeutung und Absicht. Wenn sich die Teilnehmer auf diese absichtliche Praxis einlassen, zapfen sie die expansiven und reichlich vorhandenen Energien des Vollmondes an, erschaffen ihre Realität mit und verwirklichen ihre tiefsten Wünsche.

Ritual des abnehmenden Mondes zum Loslassen

Wenn die Beleuchtung des Mondes von vollständig zu neu abnimmt, markiert der abnehmende Mond eine Periode, die mit Loslassen, Reflexion und Loslassen verbunden ist. In verschiedenen spirituellen und mystischen Traditionen ist der abnehmende Mond eine Zeit, um abzuwerfen, was nicht mehr dient, stagnierende Energien zu klären und Platz für Neuanfänge zu schaffen. Das Ritual des abnehmenden Mondes zum Loslassen ist eine Praxis, die in dem Verständnis verwurzelt ist, dass der Mondzyklus die zyklische Natur des Lebens widerspiegelt und den Einzelnen ermutigt, sein persönliches Wachstum und seine Transformation mit den Rhythmen des Mondes in Einklang zu bringen.

Einen heiligen Raum zu schaffen, ist die Grundlage für das Ritual des abnehmenden Mondes zum Loslassen. Der gewählte Innen- oder Außenbereich dient als Behälter für die Freisetzung und Reinigung. Das Reinigen des Raumes mit Methoden wie dem Räuchern oder Verbrennen von reinigenden Kräutern symbolisiert das Entfernen verweilender Energien und das Vorbereiten der Umgebung für das absichtliche Loslassen. Reinigung bedeutet einen Neuanfang und die Verpflichtung, das loszulassen, was nicht mehr benötigt wird.

Erdungs- und Zentrierungspraktiken werden oft in das Ritual des abnehmenden Mondes integriert, um die Teilnehmer in einen Zustand der Präsenz und Empfänglichkeit zu bringen. Diese Praktiken können tiefe Atemübungen, Meditation oder Visualisierung umfassen, um den Einzelnen im gegenwärtigen Moment zu verankern. Die Energie des abnehmenden Mondes unterstützt die Introspektion und macht ihn zu einer geeigneten Zeit für die Reflexion über Aspekte des Lebens, die losgelassen oder transformiert werden müssen.

Symbolische Werkzeuge und Elemente spielen im Ritual des abnehmenden Mondes eine wichtige Rolle. Kristalle, die für ihre energetischen Eigenschaften bekannt sind, werden oft verwendet, um die Energien des Rituals zu verstärken. Schwarzer Obsidian zum Beispiel gilt als kraftvoller Stein zum Loslassen und Loslassen von Negativität, während Mondstein mit emotionalem Gleichgewicht und Intuition in Verbindung gebracht wird. Das Platzieren dieser Kristalle im rituellen Raum oder das Halten während der Zeremonie hilft, die Energien des Lassprozesses zu verstärken.

Kerzen mit ihren transformativen Eigenschaften werden häufig in Ritualen des abnehmenden Mondes verwendet. Das Anzünden von Kerzen symbolisiert die Erleuchtung der Dunkelheit und den Beginn des Befreiungsprozesses. Die Flamme steht für das Wegbrennen alter Muster oder Energien und schafft Raum für Erneuerung. Einige Praktizierende wählen Kerzen in bestimmten Farben, die ihren Absichten entsprechen, wie z.B. Schwarz, um Negativität zu verbannen, oder Weiß, um sie zu reinigen.

Das rituelle Gießen eines Kreises ist eine gängige Praxis bei Zeremonien des abnehmenden Mondes. Der Kreis ist ein heiliger und geschützter Raum, der eine Grenze zwischen dem Alltäglichen und dem Magischen schafft. Das Werfen des Kreises wird oft von Anrufungen der vier Richtungen, Elemente oder Gottheiten begleitet, je nach spiritueller Tradition des Praktizierenden. Die kreisförmige Begrenzung markiert die Einschließung für die Befreiungsarbeit und schafft einen geweihten Raum.

Wasser, das Reinigung und emotionale Befreiung symbolisiert, ist in den Ritualen des abnehmenden Mondes von Bedeutung. Rituelle Bäder oder die Verwendung von geweihtem Wasser können den Reinigungsprozess verstärken. Während des Rituals in Wasser einzutauchen oder Wasser in andere Formen einzubauen, wie z.B. eine Schale mit geweihtem Wasser in den Ritualraum zu stellen, fügt dem Vermietungsprozess eine wässrige und emotionale Dimension hinzu.

Das Loslassen und Loslassen ist entscheidend für das Ritual des abnehmenden Mondes. Es wird empfohlen, dass die Teilnehmer Bereiche ihres Lebens in Betracht ziehen, die sie loslassen möchten, wie z. B. schlechte Denkmuster, ungesunde Beziehungen oder eingefahrene Routinen. Diese Aspekte während des Rituals laut zu artikulieren, dient als Anerkennung und Verpflichtung für den Befreiungsprozess. Das gesprochene Wort trägt eine einzigartige Schwingungsfrequenz, die sich darauf ausrichtet, loszulassen.

Affirmationen, die auf das Loslassen zugeschnitten sind, werden oft in das Ritual des abnehmenden Mondes integriert. Diese positiven Aussagen, die in der Gegenwartsform formuliert sind, unterstützen den Befreiungsprozess, indem sie den Wunsch nach Loslassen bekräftigen und Raum für positive Veränderungen schaffen. Die Wiederholung dieser Affirmationen während des Rituals verstärkt die Absicht und verschiebt die energetischen Schwingungen in Richtung des gewünschten Ergebnisses.

Visualisierung, ein mächtiges Werkzeug in Manifestations- und Loslasspraktiken, ist besonders während des abnehmenden Mondes wirksam. Die Teilnehmer werden angeleitet, den Loslassprozess als symbolischen oder metaphorischen Akt zu visualisieren. Dies könnte bedeuten, dass man sich alte Muster auflöst, Negativität von einem fließenden Fluss weggetragen wird oder sich ein dunkles Wolkenleben vorstellt, das einen klaren Himmel enthüllt. Das Einbeziehen der Sinne und Emotionen während der Visualisierung vertieft die Wirkung des Release-Prozesses.

Der ritualisierte Akt des körperlichen Loslassens wird oft in die Zeremonie des abnehmenden Mondes integriert. Die Teilnehmer können symbolische Objekte auswählen, um das darzustellen, was sie loslassen möchten, wie z.B. schriftliche Notizen, Bilder oder Objekte, die mit bestimmten Energien aufgeladen sind. Diese Objekte können verbrannt, vergraben oder in fließendes Wasser entlassen werden, als greifbarer und absichtlicher Ausdruck des Loslassens.

Astrologische Überlegungen können den Zeitpunkt und die Themen der Rituale des abnehmenden Mondes beeinflussen. Das Sternzeichen, in dem der Mond abnimmt, fügt den Befreiungsabsichten eine Energie- und Einflussschicht hinzu. Zum Beispiel kann ein abnehmender Mond im Skorpion das Loslassen von emotionalem Ballast und die Transformation tiefsitzender Muster betonen. Im Gegensatz dazu kann ein abnehmender Mond im Steinbock das Loslassen alter Strukturen und Begrenzungen hervorheben. Astrologie-Enthusiasten können ihre wahren Absichten mit den Qualitäten in Einklang bringen, die mit dem spezifischen Tierkreiszeichen des abnehmenden Mondes verbunden sind.

Der Höhepunkt des Rituals des abnehmenden Mondes beinhaltet oft eine Abschlusszeremonie. Dies kann Dankbarkeit für den Befreiungsprozess, die Anerkennung des Raums, der während des Rituals gehalten wird, und ein Gefühl des Abschlusses beinhalten. Das Schließen des rituellen Kreises ist ein bewusster Akt, der das Ende der konzentrierten magischen Arbeit und die Rückkehr in die weltliche Welt signalisiert. Die Teilnehmer können sich dafür entscheiden, sich zu erden, indem sie sich mit der Erde verbinden oder einen ritualisierten Akt ausführen, um den Abschluss des Befreiungsprozesses zu symbolisieren.

Eine konsequente Reflexion über die Veröffentlichungsabsichten und die daraus resultierenden Veränderungen wird in den Tagen und Wochen nach dem Abnehmenden Mondri ul angeregt. Die Energie des abnehmenden Mondes erstreckt sich über die Nacht des Rituals hinaus und bietet eine kontinuierliche Gelegenheit zur Befreiung und Transformation in den folgenden Mondphasen. Für Praktiker kann es von Vorteil sein, ihre Veröffentlichungen regelmäßig zu überprüfen, den Fortschritt zu bewerten und notwendige Anpassungen oder Verfeinerungen vorzunehmen.

Zusammenfassend lässt sich sagen, dass das Ritual des abnehmenden Mondes zum Loslassen eine ergreifende und bewusste Praxis ist, die den Einzelnen mit den zyklischen Energien des abnehmenden Mondes in Einklang bringt. Verwurzelt in Symbolik, Mondassoziationen und dem Glauben an die transformative Kraft der Befreiung, bietet dieses Ritual einen heiligen Raum für bewusstes Loslassen. Ob durch die Verwendung von Kristallen, Kerzen, Affirmationen oder symbolischen Handlungen, jedes Element trägt zum reichen Wandteppich des Rituals bei und verleiht ihm persönliche Bedeutung und Absicht. Wenn sich die Teilnehmer auf diese bewusste Praxis einlassen, zapfen sie die befreienden und transformativen Energien des abnehmenden Mondes an, die es ihnen ermöglichen, das abzuwerfen, was nicht mehr dient, und Raum für Neuanfänge und Wachstum zu schaffen.

KAPITEL VII

Mondschein-Wahrsagerei

Lunar Tarot Dreifaust

Mond-Tarot-Strecken bieten einen einzigartigen und aufschlussreichen Ansatz zur Wahrsagerei, indem sie die Weisheit des Tarots mit den zyklischen Energien des Mondes verflechten. Verwurzelt in der Überzeugung, dass sowohl die Tarot- als auch die Mondphase wertvolle Führung und Reflexion bieten, bieten diese Doppelseiten den Praktizierenden eine nuancierte Möglichkeit, ihre inneren Landschaften zu erkunden, durch die Lebenszyklen zu navigieren und sich mit den mystischen Einflüssen des Mondes in Einklang zu bringen. Die Kombination dieser beiden robusten Systeme schafft einen reichen Teppich aus Symbolik und Bedeutung, der den Einzelnen einlädt, sich mit der Ebbe und Flut seiner spirituellen Reise zu verbinden.

Ein erwarteter Lunar Tarot Spread ist der New Moon Spread, der speziell entwickelt wurde, um die Energie von Neuanfängen und Absichten zu nutzen, die mit der Neumondphase verbunden sind. Dieser Spread besteht in der Regel aus Positionen, die die Energien des Neumonds, der zunehmenden Sichel und des Mondes des ersten Viertels repräsentieren. Karten, die in jeder Position gezogen werden, bieten Einblicke in den aktuellen Zustand des Individuums, potenzielle Hindernisse und die Energien, die die Initiierung neuer Projekte oder Bestrebungen unterstützen. Der Neumond-Spread ist ein dynamisches Werkzeug, um Absichten zu setzen und Klarheit in den frühen Phasen eines Mondzyklus zu gewinnen.

Der Full Moon Spread hingegen ist auf die Kulminations- und Erleuchtungsenergien des Vollmondes abgestimmt. Diese Doppelseite enthält oft Positionen, die vergangene, gegenwärtige und zukünftige Aspekte des Lebens des Fragestellers repräsentieren und einen umfassenden Überblick über seinen Weg bieten. Die Karten, die auf dieser Doppelseite gezogen werden, können Einblicke in das geben, was Früchte getragen hat, was derzeit beleuchtet wird und was sich der Vollendung oder Transformation nähert. Die Vollmond-Ausbreitung dient als reflektierendes Werkzeug, das es dem Einzelnen ermöglicht, seinen Fortschritt zu beurteilen und Klarheit über die Energien zu gewinnen, die ihn während des Höhepunkts des Mondzyklus umgeben.

Sinkender Mond Spreads sind so gemacht, dass sie mit den Energien des Loslassens, der Reflexion und des Loslassens in Resonanz gehen, die mit den abnehmenden Phasen des Mondes verbunden sind. Diese Spreads enthalten oft Positionen, die den Aspekten des Lebens oder den Mustern entsprechen, die Individuen loslassen möchten, den Herausforderungen, denen sie beim Loslassen begegnen können, und den Energien, die ihre Hingabe unterstützen. Karten, die in jeder Position gezogen werden, bieten eine Anleitung zum Befreiungsprozess und Einblicke in die transformativen Energien während des abnehmenden Mondes. Sinkender Mond bietet ein wertvolles Werkzeug, um Übergänge zu bewältigen, alte Muster abzulegen und Raum für Erneuerung zu schaffen.

Waxing Moon Spreads hingegen konzentrieren sich auf die Energien des Wachstums, der Manifestation und der Ausdehnung, die mit den zunehmenden Phasen des Mondes verbunden sind. Diese Spreads können Positionen umfassen, die die Lebensbereiche repräsentieren, in denen Wachstum gewünscht wird, potenzielle Hindernisse oder Herausforderungen auf dem Weg und die unterstützenden Energien, die den Fragesteller voranbringen. Karten, die in jeder Position gezogen werden, zeigen an, wie man die Energien des zunehmenden Mondes für die persönliche und spirituelle

Entwicklung nutzen kann. Waxing Moon Spreads sind ermächtigende Werkzeuge, um sich Ziele zu setzen, Fülle zu kultivieren und sich auf die expansiven Energien der Waxing-Phasen auszurichten.

Der Lunar Eclipse Spread ist ein spezieller Tarot-Spread, der entwickelt wurde, um sich auf die kraftvollen Energien einer Mondfinsternis auszurichten. Mondfinsternisse sind kraftvolle Momente kosmischer Ausrichtung und symbolisieren Momente tiefgreifender Veränderungen und Transformationen. Diese Ausbreitung kann Positionen enthalten, die die Energien der Finsternis repräsentieren, die Aspekte des Lebens, die von der Finsternis betroffen sind, und die möglichen Ergebnisse oder Offenbarungen. Karten, die in jeder Position gezogen werden, bieten Einblicke in die transformativen Energien und eine Anleitung zur Bewältigung der Veränderungen, die durch die Mondfinsternis hervorgerufen werden. Der Lunar Eclipse Spread ist ein Werkzeug, um die tiefgreifenden Energien dieser himmlischen Ereignisse nutzbar zu machen und ihre Auswirkungen auf die eigene Lebensreise zu verstehen.

Die Einbeziehung von Tarot in die Mondpraktiken bietet einen vielschichtigen Ansatz zur Wahrsagerei, der es dem Einzelnen ermöglicht, die archetypischen Symbole des Tarot mit den zyklischen und mystischen Energien des Mondes zu verweben. Diese Lunar Tarot Spreads bieten Praktizierenden ein dynamisches und intuitives Mittel, um ihre inneren Landschaften zu erforschen, Einblicke in die Energien zu gewinnen, die sie umgeben, und sich auf die natürlichen Rhythmen des Lebens auszurichten.

Wenn sich Menschen mit Lunar Tarot Spreads beschäftigen, sind sie eingeladen, die Fluidität der Lebenszyklen anzunehmen und zu erkennen, dass jede Phase einzigartige Möglichkeiten für Wachstum, Reflexion, Befreiung und Manifestation bietet. Die Neumond-Ausbreitung ermutigt zur Absichtssetzung und zur Initiierung neuer Projekte, die sich auf die Energien der Anfänge und des Potenzials ausrichten. Ein Vollmond bietet einen Moment der Erleuchtung und des Höhepunkts und bietet einen Panoramablick auf die eigene Reise und die Früchte der eigenen Bemühungen. Abnehmender Mond führt den Einzelnen durch Loslassen, Loslassen und Hingabe an die transformativen Energien, die im Spiel sind. Waxing Moon befähigt Praktizierende, sich Ziele zu setzen, Fülle zu kultivieren und sich auf die expansiven Energien des Wachstums und der Manifestation auszurichten.

Die Ausbreitung der Mondfinsternis, die sich auf himmlische Ausrichtungen konzentriert, ist ein wirksames Werkzeug, um Momente tiefgreifender Veränderungen und Transformationen zu navigieren. Egal, ob sie von der Energie des Neubeginns, der Erleuchtung der Fülle, der Hingabe der Befreiung, dem Wachstum der Manifestation oder der transformativen Kraft von Finsternissen angezogen werden, Individuen können ihre Tarot-Praxis so anpassen, dass sie sich auf die spezifischen Energien des Mondes ausrichtet.

Mond-Tarot-Strecken bieten praktische Einblicke und Anleitungen und fördern eine vertiefte Verbindung zu den natürlichen Rhythmen des Kosmos. Die archetypischen Symbole des Tarot, reich an universellen Bedeutungen, fügen sich nahtlos in die zyklischen Energien des Mondes ein und schaffen eine synergetische und intuitive Wahrsagepraxis. Durch diese Strecken begeben sich die Menschen auf Selbstfindung, Introspektion und Ausrichtung auf die mystischen Kräfte, die ihr Leben prägen. Während die Tarotkarten als Reaktion auf die Mondphasen ausgelegt werden, entfaltet sich ein Dialog zwischen dem Individuum und den kosmischen Energien, der den sich ständig verändernden Tanz der Lebenszyklen und die Weisheit, die jeder Mondphase innewohnt, enthüllt.

Spähen bei Mondschein

Das Saviing by Moonlight, eine uralte und mystische Praxis, beinhaltet den Blick auf reflektierende Oberflächen während der leuchtenden Phasen des Mondes, um Einsichten zu gewinnen, Visionen zu empfangen und sich mit dem spirituellen Reich zu verbinden. Der Begriff "Spähen" leitet sich vom altenglischen Wort "descry" ab, was so viel bedeutet wie dunkel erkennen oder enthüllen. In verschiedenen Kulturen und historischen Epochen wurde das Spähen als Wahrsagemethode eingesetzt, die es dem Einzelnen ermöglicht, auf intuitive Führung zuzugreifen, Botschaften aus dem Jenseits zu empfangen und das Unterbewusstsein anzuzapfen. In Verbindung mit der heiteren und bezaubernden Energie des Mondlichts nimmt das Sehen eine erhöhte Dimension an und schafft eine starke Synergie zwischen den reflektierenden Eigenschaften des gewählten Mediums und dem mystischen Einfluss des Mondes.

Die Auswahl des Sehmediums ist vielfältig und reicht von traditionellen Werkzeugen wie Kristallkugeln und Spiegeln bis hin zu natürlichen Elementen wie Wasser und sogar Flammen. Mit seinem ätherischen Leuchten verleiht Moonlight dem Seherlebnis einen Zauber und erhöht die Empfänglichkeit des Praktizierenden für subtile Energien und intuitive Einsichten. Saviing by Moonlight ist eng mit den esoterischen und spirituellen Traditionen verflochten, die den Einfluss des Mondes auf übersinnliche Fähigkeiten, Intuition und die Geheimnisse des Unterbewusstseins anerkennen.

Eines der berühmtesten Sehwerkzeuge ist die Kristallkugel, eine Kugel aus klarem Quarz oder anderen durchscheinenden Steinen. Die Kristallkugel ist ein Brennpunkt für den Sehpraktiker, der in ihre Tiefen blickt, um Visionen und Eindrücke zu erhalten. Wenn die Kristallkugel unter dem Mondlicht durchgeführt wird, reflektiert sie die Mondenergien und verleiht der Sehsitzung ein erhöhtes Gefühl von Mysterium und Intuition. Es wird angenommen, dass die Zyklen des Mondes, von der zunehmenden Sichel bis zum Vollmond und den abnehmenden Phasen, die Stärke und Art der Visionen beeinflussen, die während des Sehens empfangen werden.

Mit ihren reflektierenden Oberflächen wurden Spiegel im Laufe der Geschichte auch zum Spähen verwendet. Das sanfte Leuchten des Mondes verleiht dem Spiegel eine subtile Beleuchtung und schafft eine atmosphärische und förderliche Umgebung zum Sehen. Praktizierende dimmen oft das umgebende Licht und positionieren den Spiegel so, dass er die Strahlung des Mondes einfängt, so dass seine Energie das Seherlebnis verbessern kann. Als Portal zum Unterbewusstsein und zur Spiritualität wird der Spiegel zu einem dynamischen Werkzeug, um unter dem mondbeschienenen Himmel Einsichten und divinatorische Botschaften zu empfangen.

Beim Wasser-Scrying, auch bekannt als Hydromantie, wird in eine Schüssel mit Wasser, ein natürliches Gewässer oder einen Scrying-Spiegel geblickt, der über einer Schüssel mit Wasser platziert ist. Die Reflexion des Mondes auf der Wasseroberfläche verleiht der Praxis eine bezaubernde Qualität, als würde der Praktizierende in den Grenzbereich zwischen dem physischen und dem spirituellen Bereich blicken. Das Mondlicht tanzt auf dem Wasser und erzeugt Wellen der Erleuchtung, die die Empfänglichkeit des Praktizierenden für symbolische Bilder und intuitive Botschaften erhöhen. Hydromantie by Moonlight greift die uralten Assoziationen zwischen Wasser, dem Mond und der Fluidität der psychischen Bereiche auf.

Beim Flammenspähen oder Pyromantie werden die flackernden Flammen von Kerzen oder Feuer als Sehmedium verwendet. Der Tanz der Flammen in der mondbeschienenen Dunkelheit schafft eine dynamische und faszinierende Kulisse für das Spähen. Die Praktizierenden konzentrieren sich auf die wechselnden Formen und Schatten im Feuer und erlauben ihrem Geist, sich für symbolische Visionen und Botschaften zu öffnen. Der Mond als stiller Zeuge des heiligen Tanzes des Feuers fügt der pyromantischen Seherfahrung eine jenseitige

Qualität hinzu und vertieft die Verbindung zwischen dem Praktizierenden und den angerufenen spirituellen Energien.

Die Mondphasen haben einen großen Einfluss auf die Mondlichtbeobachtung, wobei jede Phase bestimmte Facetten der Technik verbessern soll. Während der zunehmenden Phasen, vom Neumond bis zum Vollmond, stellen Praktizierende oft fest, dass die zunehmende Leuchtkraft des Mondes ihre intuitive Empfänglichkeit intensiviert. Es ist eine Zeit, die förderlich ist, um neue Einsichten zu initiieren, Absichten zu setzen und Führung in Fragen des Wachstums und der Manifestation zu erhalten. Insbesondere der Vollmond gilt als Höhepunkt des Sehens, da sein strahlendes Leuchten den Höhepunkt der Energien und die Offenbarung verborgener Wahrheiten symbolisiert.

Umgekehrt sind die abnehmenden Phasen des Mondes, vom Vollmond bis zum Neumond, mit den Energien des Loslassens, der Besinnung und des Loslassens verbunden. Das Spähen während dieser Zeit kann sich darauf konzentrieren, Einsichten darüber zu gewinnen, was losgelassen oder aufgegeben werden muss. Das abnehmende Mondlicht während der abnehmenden Phasen ist eine Gelegenheit, in das Unterbewusstsein einzutauchen, verborgene Muster aufzudecken und Anleitung in der Kunst der Hingabe und Transformation zu erhalten.

Die Praxis des Sehens durch Mondlicht ist eng mit dem Glauben an den Einfluss des Mondes auf übersinnliche Fähigkeiten verflochten. Es wird angenommen, dass der Mond, der seit langem mit den weiblichen und intuitiven Aspekten des Daseins in Verbindung gebracht wird, die Kanäle zwischen dem Bewusstsein und dem Unterbewusstsein während der Sehsitzungen verstärkt. Wenn das Mondlicht das Sehmedium durchflutet, wird angenommen, dass es die intuitiven Zentren innerhalb des Praktizierenden aktiviert und ihnen den Zugang zu tieferen Schichten der Einsicht und Offenbarung ermöglicht.

Beim Moonlight Scrying geht es nicht nur darum, die Zukunft vorherzusagen oder spezifische Antworten zu erhalten. Es ist auch ein Prozess der Selbstfindung und der spirituellen Gemeinschaft. Der Mond als Symbol für Zyklen, Reflexion und Erleuchtung spiegelt die Reise der Seele wider. Saviing by Moonlight wird zu einem heiligen Tanz zwischen dem Individuum und den kosmischen Energien, zu einer Erkundung der unsichtbaren Bereiche und zu einer Verbindung mit den Geheimnissen, die in den Schatten und Reflexionen wohnen.

Bei der Vorbereitung auf eine Scrying-Sitzung bei Mondschein nehmen die Praktizierenden oft an Ritualen teil, um sich auf die Energien des Mondes einzustimmen. Dies kann Meditation, Erdungsübungen oder das Rezitieren von Anrufungen beinhalten, um die Führung des Mondes anzurufen. Der Sehraum ist oft absichtlich eingerichtet, mit Kerzen, Kristallen und anderen rituellen Werkzeugen, die so angeordnet sind, dass sie eine förderliche Umgebung für die Praxis schaffen. Der Praktizierende tritt dann in eine fokussierte Empfänglichkeit ein und erlaubt dem Mondlicht, seinen Blick in das Sehmedium zu lenken.

Die Interpretation der Visionen und Eindrücke, die man während des Mondlichtspektakels erhält, erfordert eine Kombination aus Intuition, Symbolik und persönlicher Einsicht. Die Praktizierenden können ihre Erfahrungen aufzeichnen und die Symbole, Farben oder Emotionen notieren, die während der Sitzung auftreten. Im Laufe der Zeit können sich Muster und Themen herauskristallisieren, die tiefere Einblicke in die Psyche des Praktizierenden und die Botschaften bieten, die durch die mondbeschienenen Sehsitzungen vermittelt werden.

Zusammenfassend lässt sich sagen, dass das Spähen bei Mondlicht eine mystische und uralte Praxis ist, die die esoterischen Künste der Wahrsagerei mit den ätherischen Energien des Mondes verwebt. Ob beim Blick in eine Kristallkugel, einen Spiegel, Wasser oder Flammen, die Praktizierenden öffnen sich für die intuitive Führung und die symbolischen Visionen, die in der mondbeschienenen

Dunkelheit auftauchen. Der Mond als stiller Zeuge des Tanzes der himmlischen Energien verstärkt das Seherlebnis und verleiht ihm einen Hauch von Zauber und Geheimnis. Durch diese uralte Praxis begeben sich die Menschen auf eine Reise der Selbstfindung, verbinden sich mit den kosmischen Energien, die die Lebenszyklen regulieren, und greifen auf ihr Unterbewusstsein zu. Das Mondlicht-Spähen verwandelt sich in ein heiliges und intimes Ritual, einen Tanz zwischen dem Sichtbaren und dem Unsichtbaren, eine Reise, die von der hellen Präsenz des Mondes geleitet wird.

Traumdeutung und Mondmagie

Traumdeutung und Mondmagie gehen eine symbiotische Beziehung ein, die den mystischen Einfluss des Mondes mit dem rätselhaften Reich der Träume verwebt. Im Laufe der Geschichte haben Kulturen auf der ganzen Welt den tiefgreifenden Einfluss des Mondes auf die menschliche Psyche erkannt, und viele glauben, dass der Mond der Schlüssel ist, um die Geheimnisse zu entschlüsseln, die in unseren Träumen verborgen sind. Die Erforschung dieser komplizierten Verbindung ermöglicht es dem Einzelnen, in den reichen Teppich von Symbolen, Energien und Archetypen einzutauchen, die sich in seinen Träumen manifestieren, und einen Weg zur Selbstfindung, Intuition und der mächtigen Welt der Mondmagie zu eröffnen.

Träume wurden lange Zeit als Portale zu den inneren Bereichen der Psyche betrachtet, in denen das Unterbewusstsein in Symbolen, Metaphern und Bildern kommuniziert. Mit seiner zunehmenden Leuchtkraft wird der zunehmende Mond mit Wachstum, Manifestation und der Initiierung neuer Energien in Verbindung gebracht. Träume in dieser Phase können Themen wie Anfänge, Kreativität und die Enthüllung verborgener Potenziale enthalten. Die zunehmende Sichel, die zum Vollmond führt, ist eine Zeit, in der man glaubt, dass die Energien des Unterbewusstseins sich mit den expansiven Kräften des Mondes ausrichten und Einblicke in unerschlossene Aspekte des Selbst bieten.

Träume können sich intensivieren, wenn der Mond seine totale Lumineszenz erreicht und lebendiger wird. Der Vollmond wird oft mit erhöhten Emotionen, Erleuchtung und der Offenbarung von Wahrheiten in Verbindung gebracht. Träume in dieser Phase können Einsichten, erhöhte Intuition oder eine Vertiefung emotionaler Erfahrungen hervorbringen. Es wird angenommen, dass die Energie des Vollmondes die verborgenen Winkel des Unterbewusstseins erhellt und dem Träumer Klarheit und Offenbarung bringt. Es ist eine Zeit, in der der Schleier zwischen dem bewussten und dem unbewussten Bereich dünner wird, was eine direktere Verbindung mit den spirituellen und intuitiven Aspekten des Selbst ermöglicht.

Umgekehrt können Träume während der abnehmenden Mondphasen Themen wie Befreiung, Reflexion und Hingabe annehmen. Der abnehmende Mond symbolisiert eine Zeit des Loslassens, des Ablegens alter Muster und der Schaffung von Platz für Erneuerung. Träume können in dieser Zeit eine Anleitung dazu bieten, was losgelassen werden muss, indem sie Symbole und Szenarien hervorbringen, die den Prozess der Hingabe widerspiegeln. Die abnehmende Sichel, die zum Neumond führt, wird hauptsächlich mit Introspektion, Vorbereitung auf Neuanfänge und dem symbolischen Tod und der Wiedergeburt in Verbindung gebracht, die dem Mondzyklus innewohnen.

Im Reich der Mondmagie achten Praktizierende bei der Deutung ihrer Träume oft genau auf die Mondphasen. Der Mondzyklus wird entscheidend für das Verständnis der energetischen Ströme, die die Traumlandschaft beeinflussen. Traumtagebücher, in denen Individuen ihre Träume zusammen mit den entsprechenden Mondphasen aufzeichnen, dienen als wertvolle Funde für Einblicke in den komplizierten Tanz zwischen dem Mond und dem Unterbewusstsein des Träumers.

Die Mondmagie greift auch auf die archetypische Symbolik zurück, die in verschiedenen Kulturen mit dem Mond verbunden ist. In der Mythologie wird der Mond oft mit weiblichen Energien, Intuition und den Geheimnissen der Nacht in Verbindung gebracht. Die Mondgöttin, dargestellt als Selene, Luna oder andere kulturelle Variationen, symbolisiert das weibliche Prinzip, das Unbewusste und die sich ständig verändernden Zyklen des Lebens. In Träumen kann das Erscheinen des Mondes oder mondbezogener Symbole eine tiefe Bedeutung haben und Aspekte der Beziehung des Träumers zum Weiblichen, der Intuition oder der zyklischen Natur seiner Reise widerspiegeln.

Kristalle, die oft ein wesentlicher Bestandteil der Mondmagie sind, können auch ihren Weg in die Traumdeutung finden. Es wird angenommen, dass das Platzieren von Kristallen mit Mondassoziationen, wie Mondstein oder Selenit, unter dem Kopfkissen oder in der Nähe des Bettes die Traumerinnerung verbessert, intuitive Einsichten verstärkt und eine tiefere Verbindung mit den Energien des Mondes ermöglicht. Die Kristalle fungieren als Kanäle, die die Mondschwingungen in den Traumraum leiten und die Empfänglichkeit des Träumers für symbolische Botschaften erhöhen.

Mondmagische Rituale, die mit Absicht während bestimmter Mondphasen durchgeführt werden, können das Traumreich beeinflussen. Zum Beispiel kann ein Neumond-Ritual, das sich darauf konzentriert, Absichten zu setzen und Samen der Manifestation zu pflanzen, seine Energie in den Traumzustand tragen und Träume hervorbringen, die mit den initiierten Absichten übereinstimmen. In ähnlicher Weise kann ein Vollmond-Ritual, das sich auf Erleuchtung und Befreiung konzentriert, in der Traumlandschaft nachhallen und

Einblicke in das bieten, was für das persönliche Wachstum ans Licht gebracht und freigegeben werden muss.

Luzides Träumen, eine Praxis, bei der sich der Träumer seines Traumzustands bewusst wird und eine gewisse Kontrolle über die Traumerzählung ausüben kann, ist eine weitere Facette der Mondmagie und der Traumerkundung. Einige Praktizierende kultivieren absichtlich luzides Träumen während bestimmter Mondphasen, indem sie Techniken wie Realitätschecks, Affirmationen oder Meditation vor dem Schlafengehen anwenden, um ihr Bewusstsein im Traumbereich zu verbessern.

Mondmagie und Traumdeutung haben auch eine gemeinsame Basis in der Betonung von Intuition und Symbolik. Beide Praktiken laden den Einzelnen ein, seine innere Weisheit anzuzapfen und den intuitiven Einsichten zu vertrauen, die aus den Tiefen der Psyche kommen. Symbole in Träumen, ob sie nun vom Mond oder anderen archetypischen Energien beeinflusst werden, gelten als Sprache der Seele. Der Mond als mächtiges Symbol selbst fügt den symbolischen Botschaften, die sich im Traumreich entfalten, Schichten von Tiefe und Geheimnis hinzu. Die Interpretation dieser Symbole wird zu einer Reise der Enträtselung der persönlichen Mythologie, die in das Unterbewusstsein des Träumers eingewoben ist.

Mondmagische Rituale, wie z.B. das Absenken des Mondes oder das Rufen von Mondenergien, können in Trauminkubationspraktiken integriert werden. Träumer können die Absicht setzen, während des Traumzustands Führung, Einsichten oder Botschaften zu erhalten, die sich auf ihre Mondmagie beziehen. Durch die Ausrichtung der Traumabsicht auf die Mondphasen und die Einbeziehung ritueller Elemente schaffen die Individuen eine heilige Brücke zwischen ihrer Wach- und Traumrealität und ermöglichen es der Magie des Mondes, die Traumlandschaft zu durchdringen.

Die Praxis der Traumdeutung im Kontext der Mondmagie ist eine zutiefst persönliche und intuitive Reise. Es geht darum, ein nuanciertes Verständnis der eigenen Traumsprache zu entwickeln, wiederkehrende Symbole zu erkennen und die emotionalen Töne zu entschlüsseln, die in den Traumerzählungen eingebettet sind. Wenn sich Träumer auf die Mondphasen einstimmen, können sie Muster, Themen und energetische Verschiebungen bemerken, die wertvolle Einblicke in ihr emotionales Wohlbefinden, ihr spirituelles Wachstum und die zyklische Natur ihrer Reise geben.

Symbolik und der mystische Einfluss des Mondes. Wenn der Mond zu- und abnimmt, hinterlässt er seinen Abdruck in der Traumlandschaft und beeinflusst die Themen, Energien und Symbole, die sich während des Traumzustands manifestieren. Der komplizierte Tanz zwischen dem Mond und den Träumen wird zu einem Weg zur Selbstfindung, zum persönlichen Wachstum und zu einer tieferen Verbindung mit den Geheimnissen des Unterbewusstseins. Träumer, die sich von der leuchtenden Präsenz des Mondes leiten lassen, begeben sich auf eine Entdeckungsreise, entschlüsseln die Geheimnisse, die im rätselhaften Reich der Träume verborgen sind, und lassen sich auf die tiefe Magie ein, die sich entfaltet, wenn das Mondlicht auf die Landschaften der Nacht trifft.

KAPITEL VIII

Herstellung von Mondelixieren und -tränken

Wasser mit Mondenergie durchdringen

Durchdrungen von den feinstofflichen Energien des Mondes. Bei diesem heiligen Infusionsprozess wird Wasser während bestimmter Mondphasen in direkten Kontakt mit dem Mondlicht gebracht, wodurch ein geladenes Elixier entsteht, von dem angenommen wird, dass es die Energien des Mondzyklus trägt. Das daraus resultierende vom Mond durchdrungene Wasser wird zu einem vielseitigen Werkzeug in verschiedenen spirituellen und magischen Praktiken und bietet ein Medium für die Absichtsfestlegung, rituelle Reinigung und energetische Ausrichtung auf die himmlischen Kräfte.

Der Mondzyklus, der durch die Mondphasen gekennzeichnet ist, dient als Richtschnur für die Durchdringung des Wassers mit bestimmten Energien. Es wird angenommen, dass jede Mondphase unterschiedliche Qualitäten und Einflüsse hervorbringt, und Praktizierende wählen oft die Phase, die mit ihren Absichten übereinstimmt. Zum Beispiel während des zunehmenden Mondes, wenn der Mond von neu zu vollständig übergeht, werden die Energien mit Wachstum, Manifestation und Initiation in Verbindung gebracht. Diese Phase ist ideal, um Wasser mit Absichten zu durchdringen, die sich auf Neuanfänge, Kreativität und die Verstärkung positiver Energien beziehen.

Umgekehrt ist die abnehmende Mondphase, vom Vollmond bis zum Neumond, mit Loslassen, Besinnung und Hingabe verbunden. Diese Phase wird gewählt, um Wasser mit Energien zu durchdringen, die dazu beitragen, Negativität loszulassen, alte Muster abzulegen und sich auf die Erneuerung vorzubereiten. Wenn der Mond abnimmt, glaubt man, dass er Unreinheiten und stagnierende Energien aus dem Wasser zieht und es für den absichtlichen Gebrauch reinigt.

Der Vollmond, der als Höhepunkt der Mondenergie gilt, ist eine starke Zeit, um Wasser mit dem Höhepunkt des Einflusses des Mondes zu infundieren. Der Vollmond trägt Energien der Erleuchtung, der Klarheit und der erhöhten Intuition in sich. Es wird angenommen, dass Wasser, das unter Vollmond infundiert wird, die maximale Mondenergie absorbiert, was es zu einem starken Elixier für spirituelle Praktiken, Wahrsagerei und die Verbesserung intuitiver Fähigkeiten macht. Das strahlende Leuchten des Vollmondes verleiht dem aufgegossenen Wasser ein Gefühl von Vollständigkeit und Fülle.

Um den Prozess der Infusion von Wasser mit Mondenergie zu beginnen, wählen die Praktizierenden in der Regel ein klares Glas oder einen Behälter, um das Wasser aufzubewahren. Klare Quarzkristalle können hinzugefügt werden, um die Energien zu verstärken, da Quarz für seine Fähigkeit bekannt ist, Energie zu verstärken und zu speichern. Der Behälter wird dann ins Freie gestellt, um direkt dem Mondlicht ausgesetzt zu werden. Das mondbeschienene Wasser absorbiert die feinstofflichen Schwingungen und Energien, die mit der jeweiligen Mondphase verbunden sind, und erzeugt ein geladenes Elixier.

Das Setzen von Absichten ist ein entscheidender Aspekt, wenn es darum geht, Wasser mit Mondenergie zu infundieren. Bevor die Praktizierenden das Wasser unter das Mondlicht stellen, können sie den Behälter halten und sich auf ihre Absichten, Wünsche oder Ziele konzentrieren. Es wird angenommen, dass diese absichtliche Energie auf das Wasser übertragen wird, wodurch eine harmonische Ausrichtung zwischen den Mondenergien und dem Zweck des Praktizierenden entsteht. Unabhängig davon, ob es sich um persönliches Wachstum, emotionale Heilung oder spirituelle Einsicht handelt, repräsentiert das aufgegossene Wasser die Bestrebungen des Praktizierenden.

Bei der Anreicherung von Wasser mit Mondenergie geht es nicht nur um die praktischen Vorteile des aufgeladenen Wassers, sondern auch darum, ein heiliges und achtsames Ritual zu schaffen. Wenn sich die Praktizierenden auf diesen Akt einlassen, werden sie ermutigt, präsent zu sein und sich mit der natürlichen Welt und den kosmischen Energien zu verbinden. Die rhythmischen Zyklen des Mondes werden zu einem Spiegel für die zyklische Natur des Lebens und bieten eine Gelegenheit zur Reflexion, Erneuerung und zur bewussten Mitgestaltung der eigenen Realität.

Mondwasser, wie das infundierte Elixier oft genannt wird, kann in verschiedene spirituelle und magische Praktiken integriert werden. In den Wicca-Traditionen gilt das Mondwasser als geweihtes Werkzeug für Rituale, Zauberei und Altaropfer. Es kann besprengt oder verwendet werden, um Kerzen, Kristalle oder rituelle Werkzeuge zu salben und sie mit den im Wasser geladenen Mondenergien zu durchdringen. Mondwasser kann auch zu Baderitualen hinzugefügt werden, um ein reinigendes und spirituell verjüngendes Erlebnis zu schaffen.

Es wird angenommen, dass das Trinken von Mondwasser das spirituelle Bewusstsein, die Intuition und das allgemeine Wohlbefinden in ganzheitlichen und metaphysischen Praktiken verbessert. Wenn Individuen das geladene Wasser zu sich nehmen, absorbieren sie die feinstofflichen Mondenergien und erzeugen eine harmonische Resonanz zwischen ihrem inneren Zustand und den äußeren himmlischen Einflüssen.

Gartenliebhaber verwenden oft Mondwasser, um Pflanzen zu gießen, da sie glauben, dass es Wachstum, Vitalität und Widerstandsfähigkeit fördert. Es wird angenommen, dass das infundierte Wasser, das die Energien des zunehmenden Mondes trägt, die Keimung und das Gedeihen von Pflanzen unterstützt. Mondwasser kann auch in Rituale oder Zeremonien integriert werden, die in natürlichen Umgebungen durchgeführt werden, um eine heilige Verbindung zwischen dem Praktizierenden, dem Mond und den Elementen der Erde herzustellen.

Die Verwendung von Mondwasser erstreckt sich nicht nur auf individuelle Praktiken, sondern auch auf gemeinschaftliche und kollektive Rituale. Bei bedeutenden Mondereignissen, wie Finsternissen oder seltenen Himmelsereignissen, können sich Gruppen versammeln, um gemeinsam Wasser mit den verstärkten Energien des göttlichen Moments aufzuladen. Diese gemeinschaftliche Infusion wird zu einer gemeinsamen Erfahrung, die ein Gefühl der Einheit, der Absicht und der Verbindung mit den größeren kosmischen Kräften fördert.

Während die Durchdringung von Wasser mit Mondenergie tief in spirituellen und magischen Traditionen verwurzelt ist, schwingt sie auch mit dem breiteren Bewusstsein für die Verbundenheit zwischen Mensch und Natur mit. Es spiegelt eine bewusste Anerkennung des Einflusses des Mondes auf die Rhythmen, Gezeiten und den komplizierten Tanz des Lebens auf der Erde wider. Durch die bewusste Durchdringung von Wasser mit Mondenergie ehren die Menschen die zeitlose Weisheit, die in den Zyklen des Mondes eingebettet ist, und pflegen eine harmonische Beziehung zu den himmlischen Kräften, die ihre Existenz formen.

Zusammenfassend lässt sich sagen, dass das Anreichern von Wasser mit Mondenergie eine heilige und transformative Praxis ist, die die mystischen Einflüsse des Mondes mit bewussten Ritualen verbindet. Der Mondzyklus wird zu einem Leitfaden, der es den Praktizierenden ermöglicht, ihre Absichten mit den spezifischen Energien jeder Phase in Einklang zu bringen. Ob in persönlichen Ritualen, spirituellen Praktiken oder gemeinschaftlichen Zeremonien, Mondwasser dient als greifbarer Kanal für die subtilen Schwingungen des Mondes. Die Individuen lassen sich auf diesen absichtlichen Akt ein und werden zu aktiven Teilnehmern des kosmischen Tanzes, indem sie ihre Energien mit den himmlischen Rhythmen in Einklang bringen und die transformative Kraft in der heiligen Allianz zwischen Wasser und Mond freisetzen.

Mondverstärkte Kräutergebräue

Mit dem Mond angereicherte Kräutergebräue stellen eine Verschmelzung alter Kräuterweisheiten und der mystischen Energien des Mondes dar und schaffen Elixiere, die den Einzelnen mit den Zyklen der Natur und den himmlischen Einflüssen des Mondes verbinden. Kräutertees werden seit langem für ihre therapeutischen Eigenschaften verehrt, und wenn sie auf die Mondphasen abgestimmt sind, erhalten sie eine zusätzliche Potenzschicht. Es wird angenommen, dass der Mond mit seinen zu- und abnehmenden Energien die feinstofflichen Eigenschaften der Kräuter beeinflusst, ihre heilenden Eigenschaften verstärkt und ein dynamisches Wechselspiel zwischen der natürlichen Welt und den kosmischen Kräften schafft. Ob zur Entspannung, Meditation oder zu zeremoniellen Zwecken, mondverstärkte Kräutergebräue bieten einen ganzheitlichen Ansatz für das Wohlbefinden, der die medizinischen Eigenschaften von Kräutern mit den zyklischen Rhythmen des Mondes in Einklang bringt.

Die Praxis, Kräutergebräue unter dem Einfluss des

Mondes zu brauen, ist in verschiedenen kulturellen und spirituellen Traditionen verwurzelt. Die Kräuterkunde, die Kunst, Pflanzen für medizinische und therapeutische Zwecke zu verwenden, erkennt die Bedeutung der Mondzyklen für die Verbesserung der Wirksamkeit pflanzlicher Heilmittel an. Der zunehmende Mond, der mit Wachstum und Vitalität in Verbindung gebracht wird, ist ein günstiger Zeitpunkt für die Ernte und Vorbereitung von Kräutern für den Aufguss. Es wird angenommen, dass diese Phase die Lebenskraft und die medizinischen Qualitäten der Pflanzen betont, was sie zu einer idealen Zeit für die Herstellung von Kräutergebräuen macht, die die körperliche Gesundheit und das Wohlbefinden unterstützen.

Während des zunehmenden Mondes können Kräuterkundigen frische Kräuter aus Gärten oder wilden Gebieten sammeln und Pflanzen auswählen, die mit ihrer beabsichtigten therapeutischen Wirkung übereinstimmen. Umgekehrt können erfrischende Kräuter wie Pfefferminze oder Ingwer für Tees gewählt werden, die Energie und Vitalität steigern sollen. Die Absicht des Praktikers und die spezifischen Eigenschaften der ausgewählten Kräuter konvergieren während des Brauprozesses und schaffen eine Synergie, von der angenommen wird, dass sie durch die Energien des zunehmenden Mondes verstärkt wird.

Wenn der Mond seine Fülle erreicht, wächst auch das Potenzial von Kräutergebräuen, die mit dem Mond angereichert sind. Der Vollmond, ein Symbol für Kulmination und Erleuchtung, ist eine kraftvolle Zeit, um Kräutermischungen mit erhöhten Energien zu durchdringen. Das infundierte Wasser absorbiert das gesamte Spektrum der Mondschwingungen und schafft Elixiere, die nicht nur therapeutisch, sondern auch tief mit den spirituellen und kosmischen Dimensionen verbunden sind. Vollmond-Kräutergebräue werden zu Opfergaben an die Psyche, die sich auf die Energien der Erleuchtung und Einsicht ausrichten. Kräuterkundige können Kräuter wählen, die die Selbstbeobachtung erleichtern, wie Beifuß oder Salbei, um Tees herzustellen, die Wahrsagpraktiken unterstützen oder spirituelle Erfahrungen während der Meditation verbessern.

Die abnehmende Mondphase, vom Vollmond zum Neumond, lädt zu einer Verschiebung des Fokus vom Wachstum zum Freisetzen ein. Kräutergebräue, die während dieser Zeit kreiert werden, können mit Absichten übereinstimmen, die mit Entgiftung, Reinigung und dem Loslassen stagnierender Energien zusammenhängen. Kräuter mit reinigenden Eigenschaften, wie Löwenzahn oder Brennnessel, werden ausgewählt, um Tees herzustellen, die helfen, Giftstoffe aus Körper und Geist zu entfernen. Es wird angenommen, dass der Einfluss des abnehmenden Mondes die Fähigkeit des Kräutertees verbessert, Menschen dabei zu unterstützen, körperliche und emotionale Belastungen loszulassen.

Der Neumond, ein Symbol des Anfangs und der Erneuerung, markiert die Vollendung des Mondzyklus und den Beginn eines neuen. Kräuterkundige können diese Zeit nutzen, um über ihre Absichten für den bevorstehenden Zyklus nachzudenken und Kräutergebräue herzustellen, die auf Neuanfänge und neue Unternehmungen ausgerichtet sind. Es wird angenommen, dass Tees aus Kräutern, die mit Neuanfängen in Verbindung gebracht werden, wie Ringelblume oder Zitronenmelisse, die Energie des Neumondes in sich tragen und Unterstützung bei der Absichtssetzung und der Zielmanifestation bieten.

Der Prozess der Zubereitung von mondverstärkten Kräutergebräuen erfordert einen achtsamen und bewussten Ansatz. Die Praktizierenden schaffen oft einen heiligen Raum für das Brauritual und durchdringen den Prozess mit Ehrfurcht vor den Pflanzen und den himmlischen Energien. Die Wahl des Gefäßes, ob eine Teekanne aus Keramik oder ein Glasgefäß, wird zu einem symbolischen Behälter, um die Essenz des Mondes und der Kräuter einzufangen. Klare Quarzkristalle, die für ihre verstärkenden Eigenschaften bekannt sind, können in der Nähe des Braugefäßes platziert werden, um die energetischen Eigenschaften des Aufgusses zu verbessern.

Bevor sie mit dem Brauen beginnen, können Kräuterkundigen eine kurze Meditation oder Erdungsübung durchführen, sich mit den Energien des Mondes verbinden und sich auf die inhärente Weisheit der Pflanzen einstimmen. Die Kräuter werden dann in das Braugefäß gegeben und mit heißem Wasser übergossen, wodurch der Aufgussprozess eingeleitet wird. Während die Kräuter ziehen, kann der Praktizierende Affirmationen oder Anrufungen rezitieren, die mit seinen Absichten für das Gebräu übereinstimmen. Die mondhelle Nacht wird zur Kulisse für diese heilige Alchemie, in der sich die

Vereinigung von Kräuterweisheit und Mondenergien entfaltet.

Bei mondverstärkten Kräutergebräuen geht es nicht nur um die medizinischen Qualitäten der Kräuter, sondern auch um die erfahrungsbezogenen und spirituellen Dimensionen des Braurituals. Das Schlürfen einer Tasse Kräutertee mit Mondanreicherung wird zu einem Moment der Verbundenheit mit den Zyklen der Natur und dem kosmischen Tanz des Mondes. Die Menschen können das Gebräu achtsam trinken, jeden Schluck genießen und den subtilen Energien der Kräuter und des Mondes erlauben, ihr Wesen zu durchdringen. Dieser bewusste Konsum schafft ein ganzheitliches Erlebnis, das Körper, Geist und Seele nährt.

Über individuelle Rituale hinaus finden mondverstärkte Kräutergebräue einen Platz in kollektiven Zeremonien und Feiern. Mondkreise oder Zusammenkünfte während bedeutender Mondereignisse können das Aufbrühen von Kräutertees als gemeinschaftliche Aktivität beinhalten. Geleitet von der gemeinsamen Absicht tragen die Teilnehmer dazu bei, ein kollektives Elixier zu schaffen, das die Energien des Mondes und die kombinierten Qualitäten der ausgewählten Kräuter verkörpert. Das gemeinsame Brauen und Trinken wird zu einer verbindenden Erfahrung, die Gemeinschaft, Verbindung und Ausrichtung auf die größeren kosmischen Rhythmen fördert.

Mondverstärkte Kräutergebräue werden auch in modernen Wellness-Praxen eingesetzt, in denen Menschen ganzheitliche Ansätze zur Selbstfürsorge und Ausgeglichenheit suchen. Integrative Gesundheitsenthusiasten erkennen die Vorteile von Kräutertees zur Unterstützung der körperlichen Gesundheit, des emotionalen Wohlbefindens und des spirituellen Wachstums. Mit dem Mond angereicherte Kräutertees werden nicht nur wegen ihrer therapeutischen Eigenschaften geschätzt, sondern auch wegen ihrer Ausrichtung auf die natürlichen Zyklen, die das Leben bestimmen. Die Praxis spricht diejenigen an, die eine tiefere Verbindung mit der Natur suchen und die Weisheit alter Traditionen in den modernen Lebensstil integrieren.

Zusammenfassend lässt sich sagen, dass mit dem Mond angereicherte Kräutergebräue die harmonische Integration von Kräuterweisheit und Mondenergien veranschaulichen und Elixiere schaffen, die mit den Zyklen der Natur und dem himmlischen Tanz des Mondes in Resonanz stehen. Die zunehmenden, vollständigen und abnehmenden Phasen des Mondes bieten einzigartige Möglichkeiten, Kräutermischungen mit spezifischen Qualitäten und Absichten zu versehen. Mit dem Mond angereicherte Kräuterbiere, ob für persönliche Rituale, gemeinschaftliche Zeremonien oder ganzheitliches Wohlbefinden, spiegeln eine zeitlose Praxis wider, die weiterhin eine Brücke zwischen Tradition, Spiritualität und zeitgenössischem Wohlbefinden schlägt.

Herstellung von Ölen und Salben im Mondschein

Die Herstellung von Ölen und Salben im Mondschein ist eine heilige alchemistische Praxis, die sich auf die starken Energien des Mondes stützt, um botanische Essenzen mit mystischen Eigenschaften zu durchdringen. Diese uralte Kunst, die in der Kräuterkunde und in esoterischen Traditionen verwurzelt ist, erkennt den Mond als himmlische Kraft an, die die natürliche Welt, die Gezeiten und die feinstofflichen Energien in den Pflanzen beeinflusst. Durch die Nutzung der leuchtenden Energien des Mondes während bestimmter Mondphasen zielen die Praktiker darauf ab, die therapeutischen Eigenschaften von Ölen und Salben zu verbessern und Tränke herzustellen, die nicht nur als physische Heilmittel, sondern auch als Kanäle für spirituelle und energetische Heilung dienen.

Die Wahl der Mondphase spielt eine entscheidende Rolle bei der Herstellung von Ölen und Salben im Mondschein. Jede Mondphase ist mit einzigartigen energetischen Qualitäten verbunden, und die Praktizierenden wählen sorgfältig die Phase aus, die mit ihren Absichten übereinstimmt. Während seiner Reise vom Neuen zur

Vollendung ist der zunehmende Mond mit Wachstum, Ausdehnung und der Verstärkung von Energien verbunden. Diese Phase ist ideal für die Herstellung von Ölen und Salben, die Heilung, Vitalität und die Einleitung neuer Bestrebungen fördern sollen. Die zunehmende Sichel, die zum Vollmond führt, wird zu einer starken Zeit für die Ernte und Vorbereitung von Kräutern für den Aufguss, da angenommen wird, dass die zunehmende Leuchtkraft des Mondes die Lebenskraft in den Pflanzen erhöht.

Der Vollmond mit seiner Spitzenbeleuchtung ist ein

Brennpunkt für die Herstellung von Ölen und Salben im Mondschein, die mit dem gesamten Spektrum der Mondenergien aufgeladen sind. Der Vollmond steht für Kulmination, Klarheit und erhöhte Intuition. Praktiker wählen oft Kräuter aus, die mit den spezifischen Eigenschaften des Vollmondes in Verbindung gebracht werden, wie Beifuß oder Eisenkraut, um sie in Öle und Salben einzubringen. Es wird angenommen, dass die daraus resultierenden Mixturen die expansiven und erhellenden Energien des Vollmondes tragen, was sie zu mächtigen Werkzeugen für spirituelle Praktiken, Wahrsagerei und die Verbesserung intuitiver Fähigkeiten macht.

Umgekehrt ist die abnehmende Mondphase, vom

Vollmond bis zum Neumond, eine Zeit, die mit Loslassen, Reinigung und Hingabe verbunden ist. Öle und Salben, die in dieser Phase entstehen, können sich auf Absichten konzentrieren, die mit dem Loslassen von Negativität, der Verbannung unerwünschter Energien und der Vorbereitung auf die Erneuerung zusammenhängen. Wenn der Mond abnimmt, wird angenommen, dass er Unreinheiten und stagnierende Energien aus den Pflanzen zieht und den Ölen und Salben reinigende Eigenschaften verleiht. Die abnehmende Sichel, die zum Neumond führt, wird zu einer Periode, die der Herstellung von Mischungen förderlich ist, die die Introspektion und das Ablegen alter Muster unterstützen.

Der Neumond, der Anfänge und neue Möglichkeiten symbolisiert, markiert die Vollendung des Mondzyklus und den Beginn eines neuen. Öle und Salben, die in dieser Zeit entstehen, können mit Absichten für neue Unternehmungen, persönliches Wachstum oder die Initiierung von Transformationsprozessen übereinstimmen. Praktizierende können Kräuter wählen, die mit Neuanfängen in Verbindung gebracht werden, wie Ringelblume oder Jasmin, um sie in Öle und Salben einzubringen und die Energien des Neumondes für die Absichtssetzung und Manifestation einzufangen.

Die Herstellung von Ölen und Salben im Mondschein erfordert eine Reihe von bewussten und achtsamen Schritten. Kräuterkundige beginnen oft mit der Auswahl eines Trägeröls wie Jojoba- oder Mandelöl, das als Basis für den Aufguss dient. Als Gefäße für den Prozess werden häufig durchsichtige Glasgefäße gewählt, die es den Praktizierenden ermöglichen, die Injektion und den Einfluss des Mondes zu beobachten. Die geernteten oder gesammelten Kräuter werden in Bezug auf ihre natürlichen Zyklen dem Trägeröl im Glas zugesetzt.

Bevor das Öl dem Mondlicht ausgesetzt wird, führen die Praktizierenden ein vorbereitendes Ritual durch. Dies kann Erdungsübungen, Anrufungen oder das Rezitieren von Affirmationen beinhalten, um sich auf die Energien des Mondes und der Pflanzen einzustimmen. Die rituellen Elemente verleihen der Prozedur einen Sinn und eine stärkere Bindung an die spirituellen Teile der Arbeit. Um die Energien zu verstärken, fügen einige Praktizierende dem Präparat Kristalle hinzu, die mit dem Mond verbunden sind, wie Mondstein oder klarer Quarz.

Das Glas mit dem Öl und den Kräutern wird dann in einen Außenbereich gestellt, wo es direkt dem Mondlicht ausgesetzt werden kann. Die Wahl des Ortes kann durch die spirituellen Überzeugungen des Praktizierenden oder die spezifischen Qualitäten, die er in das Öl einfließen lassen möchte, beeinflusst werden. Eine Fensterbank, ein Garten oder eine andere offene Fläche, auf der die Strahlen des Mondes das Glas erreichen können, eignet sich für den Infusionsprozess. Die Dauer der Exposition variiert, wobei die Praktizierenden das Öl oft über Nacht Mondlicht absorbieren lassen, so dass es einen vollständigen Mondzyklus durchlaufen kann.

Während der gesamten I-Fusionsphase können die Praktizierenden das Gefäß erneut besuchen und sich auf Momente der Reflexion, Meditation oder zusätzlicher Anrufungen einlassen. Die Absicht, die während des vorbereitenden Rituals festgelegt wurde, wird in diesen Momenten verstärkt und schafft eine harmonische Übereinstimmung zwischen der Absicht des Praktizierenden und den Energien der mondbeschienenen Infusion. Der Praktiker kann auch die subtilen Veränderungen im Öl beobachten und Veränderungen in Farbe, Aroma oder energetischen Qualitäten bemerken, die auf die Integration der Mondenergien hinweisen.

Nach Beendigung des Infusionsprozesses wird das mondbeschienene Öl abgeseiht, um die Kräuterreste zu entfernen, so dass ein geladenes Elixier zum Gebrauch bereit bleibt. Einige Praktiker verwenden zusätzliche Elemente wie ätherische Öle oder Blütenessenzen, um die therapeutischen und energetischen Eigenschaften des Öls zu verbessern. Das daraus resultierende Mondscheinöl wird zu einem vielseitigen Werkzeug, das auf die Haut aufgetragen, in Massagen, zu Baderitualen hinzugefügt oder in spirituelle Praktiken integriert werden kann.

Mondbeschienene Salben, eine dichtere Form von infundierten Ölen, beinhalten die Einarbeitung von Bienenwachs oder einem anderen Verfestigungsmittel, um eine balsamartige Konsistenz zu erzeugen. Der Prozess der Herstellung von Salben im Mondschein ähnelt dem von Ölen, wobei das Bienenwachs zusätzlich in das infundierte Öl geschmolzen wird, um die gewünschte Textur zu erzielen. Salben werden oft für topische Anwendungen bevorzugt, da sie eine konzentrierte Form der Kräuter- und Mondenergien bieten. Die verfestigte Natur der Salben macht sie bequem zu lagern und leicht zu transportieren, so dass die Praktizierenden die Magie des Mondes mit sich tragen können.

Die Apfelwirkungen von Ölen und Salben im Mondschein erstrecken sich über physische, emotionale und spirituelle Bereiche. Es wird angenommen, dass die Öle, die mit der Energie des Mondes und der Essenz der infundierten Kräuter aufgeladen sind, therapeutische Eigenschaften besitzen, die bestimmte gesundheitliche Probleme ansprechen. Zum Beispiel kann mit Lavendel angereichertes Mondscheinöl die Entspannung fördern und Stress abbauen, während mit Ringelblume angereichertes Öl die Gesundheit und Verjüngung der Haut unterstützen kann.

Über ihre körperlichen Anwendungen hinaus dienen Öle und Salben im Mondschein als spirituelle und energetische Heilkanäle. Die absichtliche Infusion von Mondenergien schafft Elixiere, die mit den feinstofflichen Dimensionen der Existenz in Resonanz stehen. Praktizierende können sich während der Meditation, Rituale oder Zeremonien mit Ölen im Mondschein salben und sie verwenden, um ihre Verbindung mit den spirituellen Bereichen zu verbessern und ihre intuitiven Fähigkeiten zu erweitern. Die Öle werden zu einem integralen Bestandteil der Energiearbeit und bieten ein greifbares Medium für Aufmerksamkeit, Energieklärung und Chakrenausgleich.

Öle und Salben im Mondschein werden auch in ganzheitlichen Wellness-Praktiken eingesetzt, die die Verbundenheit von Körper, Geist und Seele ansprechen. Die bewusste Vermischung von pflanzlicher Weisheit, Mondenergien und persönlicher Intention steht im Einklang mit den Prinzipien des ganzheitlichen Wohlbefindens. Menschen, die einen ganzheitlichen Ansatz für Selbstfürsorge und Ausgeglichenheit suchen, können mondbeschienene Öle und Salben in ihre täglichen Rituale integrieren und so Momente der Achtsamkeit, der Verbindung mit der Natur und der Ausrichtung auf die kosmischen Rhythmen schaffen.

Zusammenfassend lässt sich sagen, dass die Herstellung von Ölen und Salben im Mondschein eine Konvergenz von Kräuteralchemie, Mondweisheit und spiritueller Absicht darstellt. Die absichtliche Infusion von Ölen mit den Energien des Mondes während bestimmter Mondphasen verleiht diesen Kräutergebräuen eine Dimension von Magie und Potenz. Von der zunehmenden bis zur vollen und abnehmenden Mondphase richten die Praktizierenden ihre Absichten auf die einzigartigen Qualitäten jedes Mondzyklus aus und kreieren Öle und Salben, die als wirksame Werkzeuge für körperliches, emotionales und spirituelles Wohlbefinden dienen. Wenn sich die Praktizierenden auf diese uralte Kunst einlassen, werden sie zu aktiven Teilnehmern des kosmischen Tanzes, indem sie die irdischen und himmlischen Energien miteinander verweben, um Elixiere zu schaffen, die die Magie der mondhellen Nacht in sich tragen.

KAPITEL IX

Feste und Feste im Mondschein

Ehrung von Mondgottheiten

Die Ehrung von Mondgottheiten ist eine heilige Praxis, die sich über Kulturen und Zivilisationen erstreckt und die tiefe Bedeutung des Mondes in der menschlichen Spiritualität widerspiegelt. Im Laufe der Geschichte wurde der Mond als himmlisches Wesen verehrt, das die natürliche Welt, die Gezeiten und die Ebbe und Flut des Lebens beeinflusst. Mondgottheiten, die mit der mysteriösen und zyklischen Natur des Mondes in Verbindung gebracht werden, werden weltweit in religiösen Pantheons, Mythologie und spirituellen Praktiken verehrt. Durch die Ehrung dieser heiligen Wesen verbinden sich die Praktizierenden mit den Mondenergien auf der Suche nach Richtung, Gefälligkeiten und einem besseren Verständnis der kosmischen Kräfte, die die Realität formen.

In verschiedenen Mythologien wird der Mond als Gottheit personifiziert, oft als Gott oder Gott, der die transformativen Phasen des Mondes verkörpert. Der Archetyp der Mondgöttin ist in verschiedenen Kulturen weit verbreitet und weist jeweils einzigartige Eigenschaften und Symbolik auf. In der griechischen Mythologie ist Selene die Göttin des Mondes, die die leuchtende Schönheit des Nachthimmels repräsentiert. Selene wird oft dargestellt, wie sie einen von himmlischen Pferden gezogenen Wagen über den Himmel lenkt und die Welt darunter erhellt. Ihr römisches Gegenstück Luna hat ähnliche Orte und verkörpert das ätherische Leuchten des Mondes und den Einfluss auf die nächtliche Landschaft.

In der altägyptischen Mythologie ist Thoth, der Gott der Weisheit und des Wissens, mit dem Mond verbunden und dient als Wegweiser durch die mystischen Reiche. Thoths Assoziationen mit dem Mond erstrecken sich auf seine Rolle als Zeitmesser und betonen die Verbindung des Mondes zu Zyklen, Jahreszeiten und der kosmischen Ordnung. In ähnlicher Weise verehrt die hinduistische Tradition Chandra, den Mondgott, der die Unsterblichkeit und die rhythmischen Zyklen von Leben und Tod symbolisiert. Chandra wird oft mit einer beruhigenden und mitfühlenden Präsenz dargestellt, die den sanften Einfluss des Mondes auf Emotionen und die menschliche Psyche widerspiegelt.

Nach der nordischen Mythologie ist der Mond mit Mani verbunden, einer Personifikation der Mondphasen und dem Geschwisterchen der Sonnengöttin Sol. Mani reitet als Hüter des Mondes über den Nachthimmel und steuert einen Wagen, der von einem Gespann verzauberter Pferde gezogen wird. Diese kosmische Reise symbolisiert den ewigen Tanz zwischen Licht und Dunkelheit, der sich im Zunehmen und Abnehmen des Mondes widerspiegelt. Die nordische Tradition erkennt die intrinsische Verbindung des Mondes zu den natürlichen Zyklen des Daseins an.

In der mesopotamischen Mythologie wird der Mondgott Sünde als die Gottheit verehrt, die über den Einfluss des Mondes auf die Erde herrscht. Sünde wird mit Weisheit, Wahrsagerei und den Zyklen der Zeit in Verbindung gebracht und verkörpert die Mondenergien, die das Schicksal der Sterblichen formen. Die Anbetung der Sünde spiegelt die Anerkennung der Rolle des Mondes bei der Erhellung verborgener Wahrheiten und der Führung von Suchern auf ihrer spirituellen Reise wider.

Die Ehrung von Mondgottheiten beinhaltet verschiedene Rituale, Zeremonien und hingebungsvolle Praktiken, die je nach Kultur und spirituellen Traditionen variieren. Diese Akte der Verehrung sind dazu bestimmt, eine heilige Verbindung mit den göttlichen Energien herzustellen, die vom Mond und den mit ihm verbundenen Gottheiten verkörpert werden. Gläubige können sich an Zeremonien im Mondschein beteiligen, Gebete verrichten oder Altäre errichten, die mit Symbolen und Darstellungen von Mondwesen geschmückt sind. Diese Rituale zielen darauf ab, sich auf die kosmischen Frequenzen einzustimmen, Segnungen, Schutz und Einsichten aus den Mondreichen zu suchen.

Die Mondphasen bestimmen oft den Zeitpunkt von Zeremonien, die Mondgottheiten gewidmet sind. Während des zunehmenden Mondes, wenn die Mondenergien steigen, können sich die Praktizierenden auf Absichten konzentrieren, die mit Wachstum, Manifestation und dem Streben nach Weisheit zu tun haben. Dies ist eine angemessene Zeit für Anrufungen, Gebete und Opfergaben, die sich auf die expansiven Kräfte ausrichten, die mit dem zunehmenden Mond verbunden sind. Die Rituale in dieser Phase können die persönliche und spirituelle Entwicklung betonen und sich von der zunehmenden Leuchtkraft des Mondes inspirieren lassen. Umgekehrt ist der Vollmond mit seiner Spitzenbeleuchtung eine entscheidende Zeit für die Ehrung von Mondgottheiten. Der Vollmond ist eine Mutter der Kulmination, der Klarheit und des erhöhten spirituellen Bewusstseins. Devotees können sich an Ritualen beteiligen, die die göttliche Gegenwart von Mondwesen feiern, Dankbarkeit ausdrücken, Führung suchen oder ihre Verbindung zu den mystischen Energien des Mondes vertiefen. Vollmondzeremonien beinhalten oft Danksagungen, Meditation und symbolische Gesten, die die Göttin oder den Gott ehren, die mit dem Mond verbunden sind.

Die abnehmende Mondphase, vom Vollmond bis zum Neumond, ist eine Zeit der Befreiung, Reinigung und Hingabe. Gottgeweihte können uns helfen, negative Energien, alte Muster oder Hindernisse loszulassen, die ihren spirituellen Fortschritt behindern. Rituale während dieser Phase können Energiereinigung, Wahrsagerei oder Meditation beinhalten, um sich auf die transformativen Energien auszurichten, die mit dem abnehmenden Mond verbunden sind. Die Ehrung der Mondgottheiten in dieser

Zeit lädt sie dazu ein, alte Schichten abzustreifen und sich auf die Erneuerung vorzubereiten.

Der Neumond, der den Beginn und den Beginn eines neuen Mondzyklus symbolisiert, bietet den Anhängern die Möglichkeit, neu anzufangen, Absichten zu setzen und die Saat für neue Bestrebungen zu pflanzen. Rituale während der Neumondphase können Gebete um Führung, Manifestation und Segen von Mondgottheiten beinhalten. Devotees können die Unterstützung der Mondenergien suchen, um Projekte zu initiieren, neue spirituelle Wege einzuschlagen oder die Samen von Absichten zu nähren, die sich während der folgenden Mondphasen entfalten werden.

In den Wicca- und heidnischen Traditionen beinhaltet die Verehrung von Mondgottheiten oft die Schaffung von heiligen Kreisen, Anrufungen und zeremoniellen Praktiken, die sich an den Mondphasen orientieren. Ausgehend von den Entsprechungen zwischen den Energien des Mondes und den Elementen können Praktizierende Rituale wie das Herunterziehen des Mondes – eine Praxis, bei der die göttliche Essenz der Mondgöttin in den Praktizierenden hineingerufen wird – einbeziehen, um eine direkte Verbindung mit den lunaren Wesenheiten zu ermöglichen. Opfergaben von Kristallen, Blumen oder symbolischen Darstellungen des Mondes werden in diesen Ritualen häufig als Akte der Ehrfurcht und Hingabe einbezogen.

Die Pflege einer Beziehung zu Mondgottheiten geht über formale Rituale hinaus und umfasst tägliche Praktiken, die die Präsenz des Mo im eigenen Leben anerkennen. Menschen drücken ihre Ehrfurcht vor den Mondenergien aus, indem sie den Mondauf- oder -untergang beobachten, Mondwasser erzeugen, indem sie Wasser unter dem Mondlicht belassen oder einfach still unter dem Nachthimmel kontemplieren. Viele Praktizierende integrieren auch Mondsymbole in ihr tägliches Leben, indem sie Mondsteinschmuck tragen, Altäre mit Mondbildern schmücken oder Mondzyklen in ihre Meditationspraktiken integrieren.

Die symbolischen Assoziationen der Mondgottheiten sind reich an Bedeutung und bieten den Anhängern einen Versuch archetypischer Energien, die es zu erforschen gilt. Die zyklische Reise des Mondes spiegelt die Ebbe und Flut von Leben, Tod und Wiedergeburt wider und verkörpert den ewigen Tanz zwischen Licht und Dunkelheit. Mondgottheiten verkörpern oft die Dualität, die diesem kosmischen Tanz innewohnt, und symbolisieren die nährenden, empfänglichen und intuitiven Aspekte des Weiblichen neben den erleuchtenden, leitenden und schützenden Qualitäten, die mit dem Männlichen verbunden sind.

Die symbolische Resonanz der Mondgottheiten geht über die Mythologie hinaus und durchdringt verschiedene Aspekte der menschlichen Kultur und des spirituellen Ausdrucks. In Kunst, Literatur und Poesie sind der Mond und seine Gottheiten Metaphern für die Geheimnisse des Daseins, den Lauf der Zeit und die zyklische Natur des Lebens. Der Einfluss des Mondes auf menschliche Emotionen, Kreativität und Intuition hat unzählige Kunstwerke inspiriert, die die Essenz der ätherischen Schönheit und spirituellen Bedeutung des Mondes einfangen.

Zusammenfassend lässt sich sagen, dass die Ehrung von Mondgottheiten eine zeitlose Praxis ist, die den Einzelnen dazu einlädt, sich mit den himmlischen Kräften zu verbinden, die den Teppich der Existenz formen. Gläubige versuchen, durch formelle Rituale, tägliche Bräuche oder symbolische Gesten eine heilige Beziehung zum Mond und den mit ihm verbundenen Gottheiten herzustellen. Die vielfältigen Ausdrucksformen der Mondverehrung in allen Kulturen unterstreichen die universelle Anerkennung des Einflusses des Mondes auf spirituelle, emotionale und kosmische Dimensionen. Während die Praktizierenden Akte der Ehrfurcht vollziehen, nehmen sie an dem uralten Tanz zwischen Erde und Himmel teil und ehren die leuchtenden Energien, die die spirituelle Reise der Menschheit durch die Jahrhunderte hindurch geleitet haben.

Saisonale Mondfeste

Saisonale Mondfeste sind reiche Wandteppiche, die sich in das kulturelle und spirituelle Gefüge verschiedener Gesellschaften einfügen und einen harmonischen Tanz zwischen der menschlichen Existenz und den kosmischen Rhythmen des Mondes widerspiegeln. Diese Feste, die in alten Traditionen und landwirtschaftlichen Zyklen verwurzelt sind, feiern den Wechsel der Jahreszeiten und die zyklische Reise des Mondes über den Nachthimmel. Diese Feierlichkeiten, die in Kulturen auf der ganzen Welt zu finden sind, sind von Ritualen, Zeremonien und gemeinschaftlichen Zusammenkünften geprägt, die die Mondphasen durchlaufen und den Einzelnen mit der tiefen Verbundenheit der Erde, des Mondes und der Zyklen des Lebens verbinden.

Eines der bekanntesten saisonalen Mondfeste ist das Mitte-Herbst-Fest, das in vielen ostasiatischen Kulturen gefeiert wird. Dieses Fest, das unter verschiedenen Namen wie Chuseok in Korea, Tsukimi in Japan und Zhōngqiū Jié in China bekannt ist, findet normalerweise im September oder Oktober bei Vollmond statt. Im Mittelpunkt des Mittherbstfestes steht die Wertschätzung der Schönheit des Mondes und der reichen Ernte. F-Familien kommen zu Festen, Mondbeobachtungspartys und dem Teilen von Mondkuchen zusammen, einem traditionellen Gebäck, das oft mit süßer Bohnenpaste oder Lotussamenpaste gefüllt ist. Es werden Laternen angezündet, die die Erleuchtung des eigenen Inneren symbolisieren, und Volksmärchen über die bezaubernden Kräfte des Mondes werden geteilt. Das Festival reflektiert Themen wie Wiedersehen, Dankbarkeit und die zyklische Natur des Lebens.

In Indien erhellt das Sharad Purnima Fest die Vollmondnacht im Oktober. Dieses Fest ist eng mit der Herbsternte verbunden und gilt als glückverheißend für spirituelle Praktiken. Die Gläubigen nehmen an verschiedenen Ritualen teil, darunter Fasten, das Singen hingebungsvoller Lieder und die Teilnahme an Aktivitäten, die das Feiern der Fülle des Lebens symbolisieren. Es wird angenommen, dass der Vollmond während Sharad Purnima einzigartige Eigenschaften besitzt, und die Menschen verbringen oft die Nacht damit, zu beten und zu meditieren, um Segen für Gesundheit, Wohlstand und spirituelles Wachstum zu suchen.

Das Erntemondfest hat in der westlichen Welt eine kulturelle Bedeutung, insbesondere in landwirtschaftlichen Gemeinschaften. Gemeinschaftliche Zusammenkünfte, Feste und Danksagungen für die Fülle der Erntezeit prägen das Fest. In einigen Kulturen werden die Feierlichkeiten von traditionellen Volkstänzen und Musik begleitet, die dem Fest der Fülle der Natur eine freudige Dimension verleihen.

Diese leuchtenden Laternen symbolisieren die Überwindung der Dunkelheit und den Triumph des Lichts. Familien nehmen an verschiedenen Aktivitäten teil, darunter das Lösen von Rätseln an Laternen, traditionelle Aufführungen und das Steigen von Himmelslaternen in den Nachthimmel. Der Höhepunkt des Festes fällt mit dem ersten Vollmond des Mondjahres zusammen, was ein großartiges visuelles Spektakel schafft.

Stämme wie die Algonquin, Ojibwe und Dakota ehren diesen Anlass mit Zeremonien, Tänzen und gemeinsamen Festen. Der Erdbeermond hat eine spirituelle Bedeutung, und zu den Ritualen während dieses Festes gehört oft, die Erde für ihre Fülle zu loben und um Segen für die bevorstehende Vegetationsperiode zu bitten. Das Festival verkörpert eine tiefe Verbundenheit mit der Natur und die Anerkennung des Mondes als Wegweiser für saisonale Aktivitäten.

Während dieses bezaubernden Festes lassen die Menschen geschmückte schwimmende Körbe oder Krathongs auf Flüssen und Wasserstraßen frei, um das Loslassen von Negativität und die Ehrung der Wassergöttin zu symbolisieren. Das sanfte Leuchten von Kerzen und Laternen auf dem Wasser schafft ein faszinierendes Spektakel, das die Ausstrahlung des Mondes widerspiegelt. Loy Krathong ist eine Zeit der

Besinnung, der Reinigung und der Erneuerung des eigenen Geistes, während das Wasser symbolische Lasten wegträgt.

Das Poya-Fest in Sri Lanka wird während des gesamten Mondkalenders an jedem Vollmond gefeiert, der als Poya-Tag bekannt ist. Mit einer überwiegend buddhistischen Bevölkerung hat das Fest eine religiöse Bedeutung und markiert wichtige Ereignisse im Leben von Siddhartha Gautama, dem späteren Buddha. An den Poya-Tagen üben Buddhisten spirituelle Praktiken, besuchen Tempel und nehmen an Taten der Nächstenliebe teil. Der Vollmond gilt als Symbol der Erleuchtung, und das Fest bietet Gelegenheit zur Reflexion, Meditation und zur Kultivierung von Tugenden.

Die Sichtung des Neumonds, der den Beginn des Fastens, des Gebets und der Selbstbeobachtung markiert, markiert den Beginn des heiligen Monats Ramadan in der islamischen Tradition. Der Mondkalender bestimmt den Beginn und das Ende des Ramadan, bei dem der Neumond den Beginn eines neuen Monats markiert. Wenn Muslime zusammenkommen, um das freudige Ereignis Eid al-Fitr zu feiern, ist die Sichtung des Neumonds, der manchmal auch als Hügel bezeichnet wird, ein Moment des Feierns und der Abschluss des Fastens. Der Mond ist der himmlische Zeitmesser, der die wichtigsten Ereignisse und religiösen Bräuche des islamischen Kalenders bestimmt.

Diese saisonalen Mondfeste veranschaulichen den universellen menschlichen Impuls, zu feiern und mit den Rhythmen der Natur zu harmonieren. Der Mond mit seinen ständig wechselnden Phasen dient als himmlischer Führer und beeinflusst kulturelle Traditionen, religiöse Praktiken und die landwirtschaftlichen Zyklen, die Gemeinschaften erhalten. Jedes Festival bietet einzigartige künstlerische Ausdrucksformen und teilt gleichzeitig gemeinsame Themen wie Dankbarkeit, Erneuerung und Ehrfurcht vor der Verbundenheit des Lebens.

In der heutigen Zeit entwickeln sich die saisonalen Mondfeste ständig weiter, passen sich an die Komplexität des modernen Lebens an und bewahren gleichzeitig ihre kulturelle und spirituelle Essenz. Die Globalisierung und der verstärkte kulturelle Austausch haben zu einer Vermischung von Traditionen geführt, wobei Menschen mit unterschiedlichem Hintergrund Elemente verschiedener saisonaler Mondfeste in ihre Feierlichkeiten integrieren. Feste, die einst regionale Bedeutung hatten, finden heute Ordensvielfalt und fördern eine gemeinsame Wertschätzung für den Einfluss des Mondes auf die menschliche Kultur.

Zusammenfassend lässt sich sagen, dass saisonale Mondfeste als zeitloser Ausdruck der menschlichen Verbindung zur natürlichen Welt und zu den himmlischen Zyklen, die unsere Existenz prägen, dienen. Diese Feste, die in alten Traditionen verwurzelt sind, weben weiterhin Fäden kultureller Identität, spiritueller Ehrfurcht und gemeinschaftlicher Harmonie. Ob von Laternen beleuchtet, von Erntefesten markiert oder durch stille Reflexion beobachtet, saisonale Mondfeste bieten einen Teppich aus verschiedenen Festen, die die tiefe Verbindung zwischen der Menschheit und dem kosmischen Tanz des Mondes ehren.

Veranstalten Sie Ihre eigenen Zusammenkünfte im Mondschein

Hosting Your Own Moonlight Gatherings ist ein transformatives und bezauberndes Unterfangen, das es Einzelpersonen ermöglicht, sinnvolle Verbindungen mit der Natur, dem Kosmos und ihrer Gemeinschaft herzustellen. Zusammenkünfte im Mondschein, ob zur Feier bestimmter Mondphasen oder unter dem strahlenden Schein eines Vollmonds, bieten eine einzigartige Gelegenheit, die mystischen Energien der Nacht zu nutzen und sie in gemeinschaftliche Erlebnisse zu verweben. Egal, ob Sie sich zu den spirituellen, kulturellen oder ästhetischen Aspekten von Zusammenkünften im Mondschein hingezogen fühlen, die

Organisation solcher Veranstaltungen kann lohnend und magisch sein.

Die Voraussetzungen für ein Treffen im Mondschein zu schaffen, beginnt mit der Wahl des richtigen Ortes. Egal, ob es sich um einen Hinterhof, einen Park oder einen Strand handelt, die Wahl eines Raums, der einen ungehinderten Blick auf den Mond ermöglicht, verbessert das Gesamterlebnis. Natürliche Umgebungen mit offenem Himmel tragen zum Ambiente bei und schaffen eine immersive Umgebung, in der sich die Teilnehmer mit den himmlischen Energien verbinden können.

Das Timing ist bei Zusammenkünften im Mondschein entscheidend, wobei der Mondkalender als Richtschnur dient. Die Wahl eines Datums, das mit einer bestimmten Mondphase übereinstimmt, wie z. B. Vollmond oder Neumond, fügt der Zusammenkunft eine bewusste Dimension hinzu. Jede Mondphase trägt einzigartige Energien in sich, die es den Gastgebern ermöglichen, das Thema oder die Aktivitäten der Veranstaltung so anzupassen, dass sie mit den Qualitäten übereinstimmen, die mit dieser Phase verbunden sind.

Einen Mittelpunkt für die Zusammenkunft zu schaffen, fügt einen Hauch von Magie und Symbolik hinzu. Erwägen Sie, einen Mondaltar aufzustellen, der mit Mondsymbolen, Kristallen und Kerzen geschmückt ist. Dies dient als visueller Anker, der die Teilnehmer in die bezaubernde Atmosphäre hineinzieht und sie einlädt, sich auf die Energien des Mondes einzulassen. Die Einarbeitung von Elementen wie Mondstein, Quarzkristallen oder silberfarbenen Objekten verstärkt die Verbindung zu den Mondschwingungen.

Mo-lit-Rituale können der Zusammenkunft Sinn und spirituelle Tiefe verleihen. Abhängig von der Mondphase können Rituale absichtssetzende Zeremonien, geführte Meditationen oder symbolische Aktivitäten beinhalten, die sich an den Energien des Mondes orientieren. Zum Beispiel könnten die Teilnehmer während einer Mondversammlung aufschreiben, was sie freigeben möchten, und dann die Papiere in einem zeremoniellen Feuer verbrennen, um das Loslassen und die Erneuerung zu symbolisieren.

Speisen- und Getränkeangebote können das Erlebnis des Sammelns im Mondschein verbessern. Erwägen Sie, ein Menü zu erstellen, das Zutaten enthält, die mit Mondenergien in Verbindung gebracht werden, wie z. B. weiße oder silberfarbene Speisen, Melonen oder Speisen, die traditionell während der Mondfeste weltweit genossen werden. Mondförmige Kekse, vom Mond inspirierte Cocktails oder ein gemeinsames Festmahl verleihen dem Treffen ein festliches Element.

Die Beleuchtung des Raumes spielt eine entscheidende Rolle bei der Verbesserung des mondbeschienenen Ambientes. Entscheiden Sie sich für sanftes, stimmungsvolles Licht wie Lichterketten, Laternen oder Kerzen, um ein natürliches Licht zu erzeugen. Dies trägt nicht nur zum Zauber der Versammlung bei, sondern sorgt auch für Sichtbarkeit, ohne die natürliche Ausstrahlung des Mondes zu übertönen.

Das Einbinden von Musik oder Klanglandschaften, die vom Mond inspiriert sind, verbessert das sensorische Erlebnis. Sanfte Instrumentalmelodien, Umgebungsgeräusche der Natur oder sogar Trommelkreise können die Stimmung ergänzen und eine multisensorische Reise schaffen, die auf die Mondenergien abgestimmt ist. Ermutigen Sie die Teilnehmer, ihre Instrumente mitzubringen, um eine kollaborative und harmonische Atmosphäre zu fördern.

Das Veranstalten von Zusammenkünften bei Mondschein ermöglicht es den Teilnehmern, sich auf die natürlichen Rhythmen der Nacht einzustimmen. Geführte Sternenbeobachtungen, die Identifizierung von Konstellationen oder das Erzählen von Mondmythen und -legenden können die Verbindung zum himmlischen Reich vertiefen. Die Aufklärung der Teilnehmer über die kulturelle und spirituelle Bedeutung des Mondes in verschiedenen Traditionen fügt der Versammlung eine Bereicherung hinzu.

Die Förderung eines Gefühls der Inklusivität und Gemeinschaft ist von grundlegender Bedeutung für den Erfolg von Zusammenkünften bei Mondschein. Ermutigen Sie die Teilnehmer, ihre Geschichten, Traditionen oder Erfahrungen im Zusammenhang mit dem Mond zu teilen. Dieser Austausch von Perspektiven fördert ein Gefühl der Einheit und Vielfalt und schafft einen Teppich gemeinsamer Verbindungen unter dem himmlischen Baldachin.

Achtsame Praktiken, wie z.B. Yoga oder Meditation, laden die Teilnehmer ein, sich mit ihrem inneren Selbst und dem Inneren des Mondes zu verbinden. Diese Aktivitäten fördern ein Gefühl der Ruhe, der Erdung und der spirituellen Reflexion. Eine geführte Meditation, die sich auf die Mondenergien konzentriert, oder eine Yoga-Sitzung im Mondschein unter freiem Himmel steigern das allgemeine Wohlbefinden.

Für diejenigen, die eine unbeschwertere Atmosphäre suchen, fügt die Einbeziehung kreativer Aktivitäten dem Treffen ein Element der Verspieltheit hinzu. Bastelsessions im Mondschein, bei denen die Teilnehmer Kunst oder Dekorationen zum Thema Mond kreieren, bieten die Möglichkeit, sich selbst auszudrücken und tragen zur Gemeinschaftsatmosphäre bei. Die Herstellung einer kollaborativen Kunstinstallation, wie z. B. eines Mondmandalas, ermöglicht es den Teilnehmern, ihre kreative Energie in die Versammlung einzubringen.

Eine erfolgreiche Kommunikation ist entscheidend für den Erfolg von mondhellen Veranstaltungen. Informieren Sie die Teilnehmer im Voraus über das Ziel, das Thema und den Zeitplan der Veranstaltung. Machen Sie Vorschläge für Kleidung, ermutigen Sie zur Verwendung von vom Mond inspirierten Accessoires und kommunizieren Sie alle logistischen Details wie Parkplätze, Sitzgelegenheiten oder bestimmte Gegenstände, die Sie mitbringen sollten.

Nur-M-Zusammenkünfte sind nicht auf bestimmte kulturelle oder spirituelle Traditionen beschränkt; Sie sind offen für Interpretationen und Anpassungen auf der Grundlage der Vorlieben und Überzeugungen des Gastgebers und der Teilnehmer. Der Schlüssel liegt darin, eine Atmosphäre zu schaffen, die Verbindung, Reflexion und ein Gefühl des Staunens unter der leuchtenden Umarmung des Mondes fördert.

Zusammenfassend lässt sich sagen, dass das

Veranstalten Ihrer Zusammenkünfte im Mondschein ein Ausflug in Magie, Spiritualität und gemeinschaftliche Verbindung ist. Ob sie nun von himmlischen Absichten, kulturellen Traditionen oder einfach dem Wunsch geleitet werden, sich in der Schönheit des Mondes zu sonnen, diese Zusammenkünfte bieten eine Plattform für gemeinsame Erfahrungen, kreative Ausdrucksformen und eine vertiefte Verbindung zu den kosmischen Energien, die sich durch den Nachthimmel weben. Während die Gastgeber eine Umgebung kuratieren, die den Einfluss des Mondes ehrt, begeben sich die Teilnehmer auf Selbstfindung, Gemeinschaftsbildung und einen harmonischen Tanz unter dem mondbeschienenen Himmel.

SCHLUSSFOLGERUNG

Zusammenfassend lässt sich sagen, dass " Mondschein-Anfänge: Zauberkunst und Rituale für Mondneulinge - Ein praktisches Handbuch für Mondmagie" ein umfassender und aufschlussreicher Leitfaden ist, der Neulinge in das bezaubernde Reich der Mondmagie einführt. Auf den Seiten dieses Buches sind die Leser herzlich eingeladen, sich auf ein Abenteuer zu begeben, das über das Alltägliche hinausgeht, und in die mystischen und uralten Praktiken einzutauchen, die mit der Nutzung der Kraft des Mondes verbunden sind. Durch die Entmystifizierung der Mondmagie stattet das E-Book Neulinge mit praktischem Wissen, aufschlussreichen Ritualen und Zaubersprüchen aus, die die inhärente Verbindung zwischen dem Mond, der Natur und den uns umgebenden Energien umfassen.

Das E-Book betont, wie wichtig es ist, die Mondphasen zu verstehen und magische Praktiken mit dem Mondzyklus in Einklang zu bringen. Von Neumond-Absichten bis hin zu Vollmond-Manifestationen bietet das Handbuch einen Fahrplan für Anfänger, um ihre Zauberkunst mit dem himmlischen Tanz des Mondes zu synchronisieren. Die vorgestellten Rituale und Zaubersprüche sind nicht nur Anweisungen, sondern Tore zu einer tieferen Verbindung mit den natürlichen Rhythmen des Universums.

Darüber hinaus legt das E-Book großen Wert auf Absichtssetzung und Achtsamkeit in der Mondmagie. Es ermutigt die Leser, sich der Zauberkunst mit Ehrfurcht und Zielstrebigkeit zu nähern und eine achtsame Auseinandersetzung mit den Energien zu fördern, die sie heraufbeschwören wollen. Durch die Einbeziehung von Meditations-, Visualisierungs- und Absichtselementen in Mondrituale werden Novizen zu einer tiefgründigeren und bedeutungsvolleren Praxis geführt.

Vor allem "Moonlit Beginnings" ermutigt Neulinge, ihren einzigartigen Weg im Reich der Mondmagie zu erkunden. Es dient als Sprungbrett für persönliche Kreativität und Intuition und unterstreicht, dass die Magie des Mondes eine zutiefst persönliche und subjektive Erfahrung ist. Die Leser sind eingeladen, die Rituale und Zaubersprüche anzupassen und zu personalisieren, um ein Gefühl der Eigenverantwortung und Authentizität auf ihrer magischen Reise zu fördern.

Im Wesentlichen ist "Moonlit Beginnings" mehr als ein Handbuch; Es ist ein Tor zu einer Welt, in der die mystischen Energien des Mondes für Anfänger zugänglich werden. Während die Leser das darin enthaltene Wissen in sich aufnehmen, werden sie in der Mondmagie geübt und stellen eine Verbindung zu den althergebrachten Bräuchen her, die den Mond im Laufe der Geschichte geehrt haben. Für Menschen, die die verzauberte Welt der Mondmagie umarmen und ihre mondhellen Anfänge beginnen möchten, ist das E-Book aufgrund seiner hilfreichen Ratschläge, aufschlussreichen Analysen und seines kraftvollen Stils eine hervorragende Ressource.

Vielen Dank, dass Sie unser Buch gekauft und gelesen/gehört haben. Wenn Sie dieses Buch nützlich/hilfreich fanden, nehmen Sie sich bitte ein paar Minuten Zeit und hinterlassen Sie eine Rezension auf der Plattform, auf der Sie unser Buch gekauft haben. Ihr Feedback ist uns sehr wichtig.

www.ingramcontent.com/pod-product-compliance
Lightning Source LLC
LaVergne TN
LVHW021829060526
838201LV00058B/3567